高等职业技术院校汽车类专业教材

汽车机械基础课
教学参考书

与《汽车机械基础（第二版）》配套使用

中国劳动社会保障出版社

简　　介

本书是高等职业技术院校汽车类专业教材《汽车机械基础（第二版）》的配套用书，供教师教学中使用。

本书按照教材的结构顺序编写，每个模块包括“课时分配表”“教材分析及教学流程”“教学要求”“教学重点和难点”“教学建议”等几个部分。书中附有教材中习题以及配套习题册的答案。

本书由吴定春主编，刘广、刘翔、施梅仙参加编写，由唐监怀主审。

图书在版编目(CIP)数据

汽车机械基础课教学参考书/吴定春主编. —北京：中国劳动社会保障出版社，2015

高等职业技术院校汽车类专业教材

ISBN 978 - 7 - 5167 - 2016 - 5

Ⅰ.①汽…　Ⅱ.①吴…　Ⅲ.①汽车 - 机械学 - 高等职业教育 - 教学参考资料　Ⅳ.①U463

中国版本图书馆 CIP 数据核字(2015)第 175487 号

中国劳动社会保障出版社出版发行

（北京市惠新东街 1 号　邮政编码：100029）

*

三河市华骏印务包装有限公司印刷装订　新华书店经销

787 毫米×1092 毫米　16 开本　12.75 印张　235 千字

2015 年 7 月第 1 版　　2015 年 7 月第 1 次印刷

定价：24.00 元

读者服务部电话：（010）64929211/64921644/84643933

发行部电话：（010）64961894

出版社网址：http://www.class.com.cn

目 录
Contents

学时分配总表

教学内容	总学时	理论学时	实训学时
绪　论	2	2	
模块一　链传动与带传动	6	6	
课题一　链传动		2	
课题二　带传动		4	
模块二　齿轮传动	16	14	2
课题一　齿轮传动的类型和特点		2	
课题二　直齿圆柱齿轮传动		4	
课题三　其他齿轮传动		2	2
课题四　齿轮轮齿的失效形式与材料选择		2	
课题五　蜗杆传动		4	
模块三　轮系	10	8	2
课题一　定轴轮系		4	1
课题二　周转轮系		4	1
模块四　平面连杆机构	8	6	2
课题一　铰链四杆机构		4	1
课题二　铰链四杆机构的演化		2	1
模块五　凸轮机构	6	4	2
课题一　凸轮机构的应用和类型		2	1
课题二　凸轮机构从动件的运动规律		2	1
模块六　理论力学基础	12	12	
课题一　静力学基础		4	
课题二　平面汇交力系及平衡		4	
课题三　力矩与力偶		2	

续表

教学内容	总学时	理论学时	实训学时
课题四　平面任意力系及平衡		2	
模块七　材料力学基础	16	16	
课题一　杆件变形的基本形式		2	
课题二　拉伸与压缩		2	
课题三　剪切与挤压		4	
课题四　扭转		4	
课题五　直梁的弯曲		4	
模块八　轴系零件	18	16	2
课题一　轴		4	
课题二　滚动轴承		4	
课题三　滑动轴承		2	
课题四　联轴器与离合器		4	1
课题五　制动器		2	1
模块九　连接	8	8	
课题一　键连接		3	
课题二　销连接		1	
课题三　螺纹连接		4	
模块十　液压与气压传动	26	24	2
课题一　液压传动基本知识		4	
课题二　液压泵与液压缸		4	
课题三　液压控制元件		4	
课题四　液压基本回路		4	
课题五　汽车典型液压系统分析		2	2
课题六　气压传动基本知识		4	
课题七　气动基本回路		2	
总学时	128	116	12

全书教学建议

“汽车机械基础”课程是汽车维修专业的一门专业基础课。由于它涉及的内容较广，实践性较强，术语及定义科学严谨，且有些内容较抽象，使初学者不好理解和掌握，所以要力求针对性和实用性，重点反映对汽车类专业基本能力和基本技能的培养与要求，及时反映汽车新材料、新技术和新标准的应用，以适应社会对汽车类专业人才的需求，体现高等职业教育以能力为本位的特色。为此在讲解时应按照由具体到抽象，由简单到复杂，由一般到特殊的讲解原则，使其从感性认识逐步提高，再从理性认识过渡到实践应用，多列举汽车上的应用实例和结构原理。教学中应注意：

（1）要根据教学大纲的要求，突出重点，讲清难点，加强基本知识的教学。

（2）要充分利用多媒体和模型教具，加强直观教学。

（3）要运用启发式教学，注重课堂互动，提高学生的学习积极性。

（4）教师要引导学生会查阅有关工具书，知道有关技术数据的来历，培养学生具有一定的分析和解决一般技术问题的能力，并且能够参与技术革新。

（5）教师要熟悉汽车的总体结构及其机械原理，及时掌握学生的学习情况，教学中紧密联系生产实践，以培养学生分析、解决实际问题的能力。

绪论

一、教材分析及教学流程

绪论内容以汽车机械的发展为引入，引出机器、机构、机械、构件、零件、运动副等概念。绪论的教学流程如图 0—1 所示。

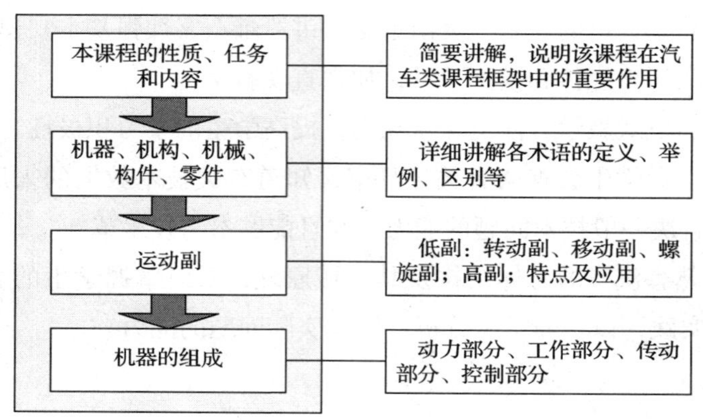

图 0—1　绪论的教学流程

绪论中主要介绍机械基础有关术语，在讲解过程中主要讲清机器、机构、机械、构件、零件、机器的组成及运动副的概念，以及它们之间的互相联系。在讲解时力求举出汽车中的有关实例，让学生们懂得学好本课程对学习专业课程以及专业技能起着很重要的作用，是学好后继专业课程的基础。

本课程的性质和任务一带而过，不用过多展开讲解，可以在后期讲解相关知识的时候，再回顾这段内容。

二、教学要求

1. 明确本课程的性质、任务和内容。
2. 掌握机械、机器、机构、构件和零件的基本概念。
3. 熟悉运动副的概念、形式及特点。

三、教学重点和难点

1. 重点

理解机械、机器、机构、构件、零件、机器的组成、运动副的概念。

2．难点

激发学生的学习兴趣，让学生认识到学习本门课程的重要性。

四、教学建议

绪论是每本教材的导入课，在绪论课教学时，首先介绍本教材的性质、任务、内容，明确学习目标，然后通过机械的发展引入机器，再由汽车这种机器引出机构、构件、零件等基础术语。同时应该抓住学生在学习本门课之前的“新鲜感”，激发他们的学习兴趣，帮助他们认识本门课程的重要性。

注意教学中激发学生的学习兴趣，可以从以下几个方面入手：

1．在讲解机器和机构的概念时，可以列举汽车、飞机、轮船、电动车、自行车、机械手表等让学生来分析和判断，并时常进行教学互动，激发学生举出一些日常生活中的实例，从而区分机器和机构的不同点。

2．在讲构件和零件时可将准备好的发动机上拆下的连杆组拿出来，结合多媒体中的单缸内燃机图形以及动画，刺激学生的感官，让他们产生新鲜感，并且教学互动，举例说明，从而明确构件和零件的概念，以及构件和零件的不同点。

3．在讲解运动副时，先讲清楚定义，然后列举日常生活中碰到的，比如门和门框之间的连接、火车车轮与铁轨的接触、螺纹的连接等，再列举发动机中的构件与构件接触，通过多媒体动画演示教材中的几种形式，教学互动，让学生了解运动副的分类、特点，从而懂得在生产实际中如何保养、维护、修理和正确使用机械设备，以及学习汽车专业基础课的重要性。

4．机器由四个部分组成，先讲清楚四个部分的作用，然后以汽车为例，让学生分别说出汽车的四个组成部分，即动力部分——发动机，传动部分——变速器，工作部分——车轮驱动，控制部分——汽车点火开关、传感器等。让学生再列举其他机器，分别说出它们的组成部分。通过不断提出问题，使学生联想生产实际，有助于认识本课程和实际生产的关系，激发学生的学习兴趣。

5．绪论内容全部讲解完以后，应以思考与练习的形式考察学生对机械基础术语的理解，并对机械基础术语做总结。举例如下：

设问 1：机器和机构有什么区别？

设问 2：构件和零件有什么区别？

设问 3：高副和低副有什么区别？

设问 4：机器是由哪几部分组成的？

思考与练习答案

1. 答：机器是由许多构件组合而成，机器中的各个构件之间具有确定的相对运动。机器能代替或减轻人类的劳动，完成有用的机械功或转换机械能。

机构是具有确定相对运动构件的一种实体组合。它具有机器的前两个特征。

机构的主要功用在于传递或转变运动的形式，而机器的主要功用则是利用机械能做功或进行能量转换。这就是两者的本质区别。

2. 答：构件是指相互之间能做相对运动的物体。构件是运动的最小单元。

零件是指组成构件中，相互之间没有相对运动的物体。零件是制造的最小单元。

构件是由一个或两个以上零件组成的。

3. 答：低副的接触表面是平面或圆柱面，承受载荷时单位面积上的压力较小，承载能力大，易于制造与维修，但效率低且摩擦损失大，故在工作中要保证有良好的润滑条件。

高副是点或线接触，能传递复杂的运动，但接触处单位面积上的压力较高，易磨损，制造维修困难。

4. 答：机器主要由四个部分组成。

(1) 动力部分：它是机器的动力源。

(2) 工作部分：它是机器特定功能的执行部分。

(3) 传动部分：它是传递原动机动力和转变其运动形式以适应工作部分需要的一种传递和转换装置。

(4) 控制部分：它是通过人工操作或自动控制来改变动力机或传动系统的工作状态和参数，使执行机构保持或改变其运动力的装置。

模块一 链传动与带传动

课时分配表

教学内容	总学时	理论学时	实训学时
模块一　链传动与带传动	6	6	
课题一　链传动	2	2	
一、链传动的组成及传动比 二、链传动的特点及应用		1	
三、链轮 四、链条 五、链传动的张紧与润滑		1	
课题二　带传动	4	4	
一、带传动的类型 二、V 带传动		3	
三、带传动的张紧		1	

教师在讲解本模块时，可补充介绍一下机械传动的分类，如下：

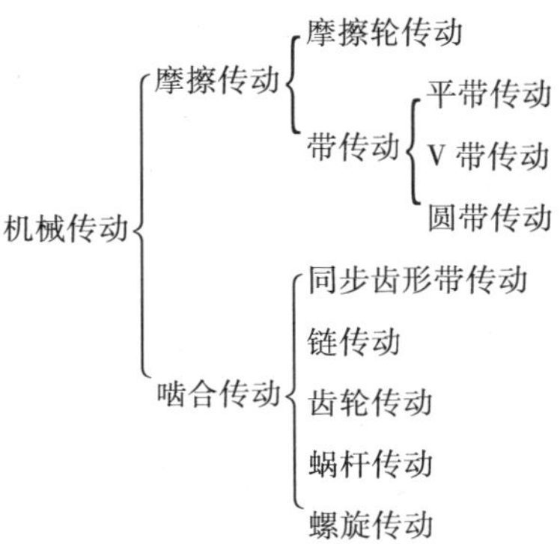

由上图可看出，链传动和带传动是机械传动中两个重要的传动类型，也是汽车中常用的传动类型。本模块主要学习链传动和带传动的类型、工作原理、应用特点等，

掌握链传动、带传动的传动比、张紧方法，以及V带的结构、型号和主要参数。本模块的重点是V带传动的原理、传动比和应用特点，使学生掌握V带传动的主要参数及V带的标记。讲解时可以带学生到实习车间现场讲解，强化学生的感官认识和理解能力，以扩大学生的应用知识面，提高其分析问题和解决问题的能力。

课题一　链　传　动

一、教材分析及教学流程

链传动是机械传动中一种重要的传动形式，是汽车、摩托车、电动车、自行车中不可缺少的传动，所以要掌握链传动的结构组成、传动比、应用特点、张紧方法、润滑方法等。学习好此部分内容也是学习其他机械传动内容的基础和前提，特别是传动比定义、公式在其他机械传动中都将用到，所以要牢固掌握传动比的概念和计算方法等内容。

本课题教学流程如图1—1所示。

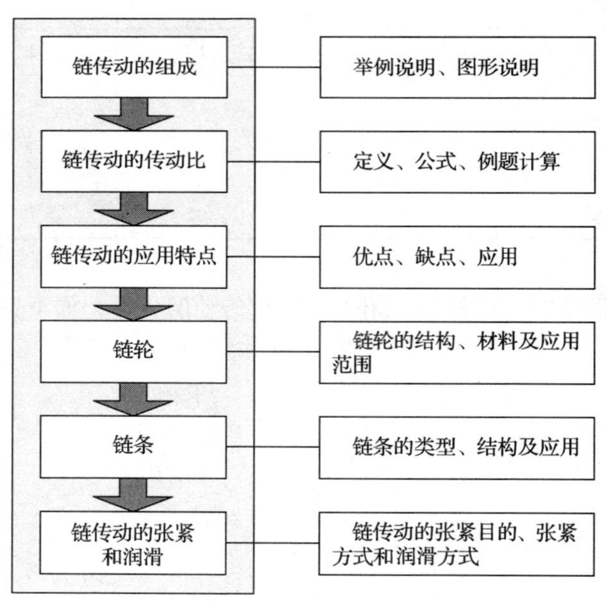

图1—1　教学流程

二、教学要求

1. 熟悉链传动的组成及传动比。

2. 了解链传动的特点及应用。

3. 熟悉链条、链轮的结构、类型及材料等。

4. 掌握链传动的张紧与润滑方法。

三、教学重点和难点

1. 重点

（1）链传动的传动比、应用特点。

（2）链传动的张紧与润滑方法。

2. 难点

常用链条套筒滚子链的结构分析。

四、教学建议

本课题内容是学习其他机械传动内容的基础和前提，学生对自行车、电动车接触较多，有一定的感性认识，但对链传动的结构原理、传动比、特点、张紧方式和润滑方式还不完全了解，所以教师还要结合实物、多媒体进行讲解，重点讲清传动比、应用特点、张紧与润滑方法，着重分析套筒滚子链的结构，同时培养学生分析问题和解决问题的能力。

1. 链传动的传动比

首先讲清传动比定义：传动比是主动链轮与从动链轮的转速之比，也等于其齿数的反比。然后分析主、从动链轮的齿数不同，转速也不同，但在单位时间内主动链轮转过的齿数 z_1n_1 与从动链轮转过的齿数 z_2n_2 是相等的，即 $z_1n_1=z_2n_2$。由此得出链传动的传动比 i 为：

$$i=\frac{n_1}{n_2}=\frac{z_2}{z_1}$$

式中　n_1、n_2——主、从动链轮转速，r/min；

z_1、z_2——主、从动链轮齿数。

【例 1—1】 已知某摩托车前链轮（主动链轮）、后链轮（从动链轮）的齿数分别为 $z_1=20$、$z_2=40$，试求其传动比 i。

解： 由 $i=\frac{n_1}{n_2}=\frac{z_2}{z_1}$　得　$i=\frac{n_1}{n_2}=\frac{z_2}{z_1}=\frac{40}{20}=2$

通过这个例题可以设问：当 $n_1=800$ r/min 时，$n_2=$？或 $n_2=200$ r/min 时，$n_1=$？

该传动比公式同样适用于齿轮传动和蜗杆传动。

2. 套筒滚子链

常用链条结构是套筒滚子链，链条的张紧程度是否适当跟链条的长度有关，作为汽车维修专业的学生来讲要会拆和装，所以教师要重点讲套筒滚子链的结构以及它们之间的连接。

如图 1—2 所示，套筒滚子链由内链板 1、外链板 2、销轴 3、套筒 4 和滚子 5 组成。教师可借助链条实物对学生们讲解，再对照图 1—2 介绍销轴与外链板、套筒与内链板分别采用过盈配合连接组成外链节；销轴与套筒之间以及滚子与套筒之间采用间隙配合构成内链节。对此教师可以根据学生基础情况补充过盈配合、间隙配合的概念。让学生能正确地理解套筒滚子链结构原理，便于装拆、维修。

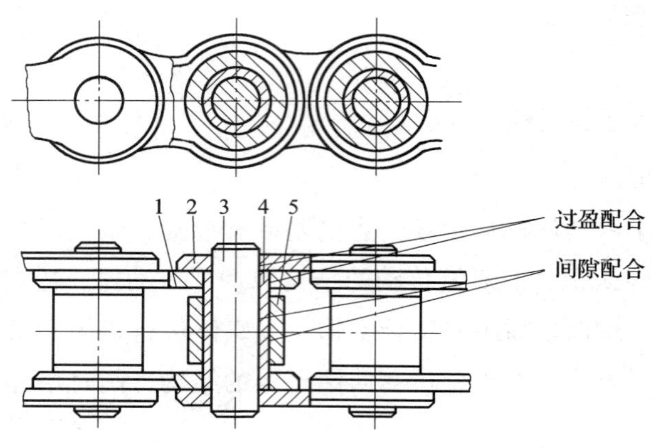

图 1—2　套筒滚子链

1—内链板　2—外链板　3—销轴　4—套筒　5—滚子

知识链接

过盈配合、间隙配合概念。

过盈配合：孔和轴配合时轴的实际尺寸大于孔的实际尺寸。

间隙配合：孔和轴配合时孔的实际尺寸大于轴的实际尺寸。

熟悉了套筒滚子链结构以后，还要知道链条的连接形式，如图 1—3 所示。让学生知道开口销是用于节距较大的节数为偶数节的连接，弹性锁片是用于节距较小的节数为偶数节的连接，过渡链节用于节数为奇数节的链条连接。

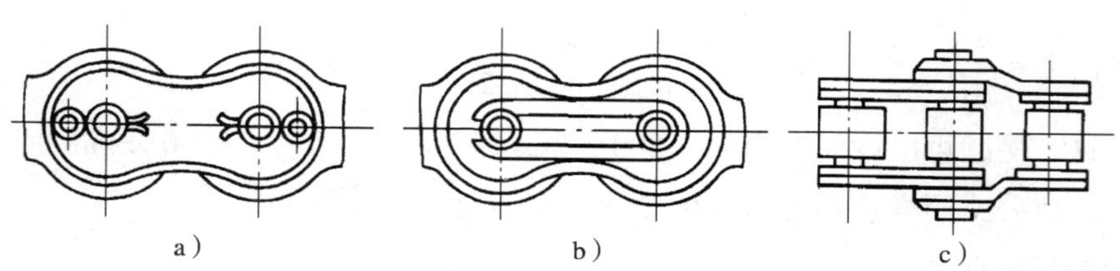

图 1—3　滚子链的连接形式

a）开口销　b）弹性锁片　c）过渡链节

3．链传动的张紧与润滑

链传动的张紧，要讲清楚张紧的目的。链传动张紧的目的主要是避免在链条的垂度过大时产生啮合不良和链条振动的现象，同时也增加链条与链轮的啮合包角。其次要讲清楚当链传动的中心距可调整时，可通过调整中心距张紧；当中心距不可调时，可通过设置张紧轮张紧。链传动的张紧方式：弹簧力张紧、砝码张紧、定期调整张紧，可结合教材表1—1—5和实际讲解。链传动的润滑对照教材表1—1—6讲解较为清楚。

思考与练习答案

一、填空题

1. 链条、链轮、运动

2. 传动链、输送链、起重链

3. 滚子链、齿形链

4. 内链板、外链板、销轴、套筒、滚子

二、判断题

1. ×　2. √　3. √

三、简答题

1. 答：传动链中的滚子链适用于一般机械的链传动，齿形链适用于高速、低噪声、运动精度要求较高的传动装置。

输送链用于输送工件、物品和材料，可直接用于各种机械上。

起重链主要用于传递力，起牵引、悬挂物品的作用，兼做缓慢运动。

2. 答：

(1) 无滑动并保证准确的平均传动比且张紧力小，作用在轴和轴承上的力小。

(2) 传递功率大，传动效率高，一般可达0.95 ~0.98。

(3) 能在低速、重载和高温条件下，以及尘土飞扬、淋油等不良环境中工作。

(4) 链条的铰链磨损后，使链条节距变大，工作时链条容易脱落。

(5) 由于链节的多边形运动，所以瞬时传动比是变化的，瞬时链速不是常数，传动中会产生动载荷和冲击，因此不宜用于要求精密传动的机械上。

(6) 安装和维护要求较高，无过载保护作用。

课题二 带 传 动

一、教材分析及教学流程

带传动在机器中运用较为普遍，在汽车上也一样，汽车上常用到的是 V 带、同步齿形带，尤其是 V 带应用较广，所以本课题重点介绍 V 带的结构类型、型号、主要参数，V 带传动的主要参数，V 带的正确安装和使用，带传动的张紧等内容。

本课题教学流程如图 1—4 所示。

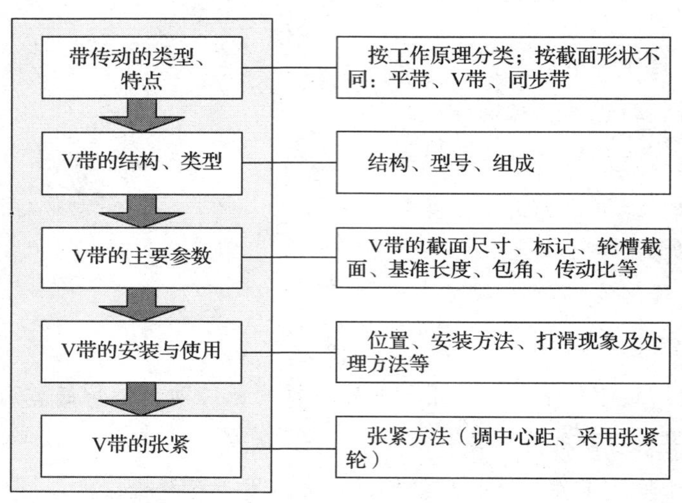

图 1—4 教学流程

二、教学要求

1. 熟悉带传动的类型、工作原理及特点。
2. 掌握 V 带的结构、型号及主要参数以及带传动的主要参数。
3. 能够正确安装、使用 V 带，并能处理 V 带打滑问题。
4. 掌握带传动的特点及应用。
5. 能够调整带传动的张紧度。

三、教学重点和难点

1. 重点

（1）V 带的结构、型号及主要参数以及 V 带传动的主要参数。

（2）带传动的特点及应用。

2．难点

V 带传动的主要参数、带传动的弹性打滑。

四、教学建议

本课题的教学先从带传动的组成、工作原理分析入手，讲清楚靠摩擦力传动的带传动的工作原理，重点介绍 V 带的结构、型号及主要参数以及 V 带传动的主要参数。熟悉带传动的打滑、V 带的正确安装和使用、带传动的张紧等内容。

1．带传动的工作原理

带传动的工作原理是靠带与带轮接触弧间的摩擦力来传递运动和动力。

讲解时在图中画出带与带轮接触点所受的正压力（张紧力），当小带轮转动时，小带轮相对胶带产生摩擦力 F_1，方向与它的转向相反，同时在胶带上产生一反作用力 F，这个力就是胶带产生运动的一个动力，同时胶带又作用在大带轮上，靠张紧力（正压力 N）产生另一对大小相等方向相反的摩擦力，如图 F_2 力，这个力就是大带轮产生运动的动力，而且转向与受力方向相同。如图 1—5 所示为带传动工作原理。

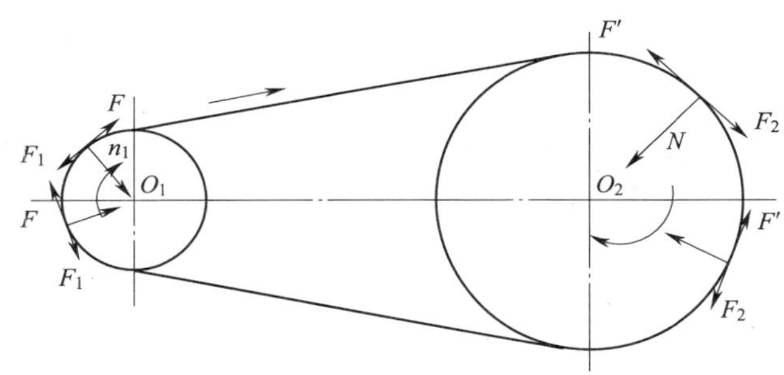

图 1—5　带传动工作原理

2．V 带的结构类型

主要介绍普通 V 带的结构形状——等腰梯形，带两侧工作面的夹角 α 称为带的楔角（通常 $\alpha=40°$）。用教材图 1—2—3 说明普通 V 带结构类型有两种，让学生们知道这两种结构的胶带的不同点和相同点以及适用的场合，不需讲得过于详细。

3．V 带的型号、标记

（1）普通 V 带的截面尺寸标准

引导学生看表，让学生知道标准中各参数的含义，和学生一起分析表中尺寸数据。

（2）型号

由普通 V 带的尺寸标准，按截面尺寸自小至大分为 Y、Z、A、B、C、D、E 七种型号，同时和学生讲清楚 V 带的承载能力、传递功率的能力也是按此顺序排列的，其中 Y 型最小，E 型最大。

（3）V 带的标记

可以直接带几种型号的胶带到课堂给学生们看，由此介绍 V 带的标记，即普通 V 带和窄 V 带的标记由带型、基准长度和标准编号组成，一般都压印在胶带的外表面上，以供识别，如 A 1400 GB/T 11544—1997，表示 A 型 V 带，基准长度为 1 400 mm。汽车 V 带的标记由带型、有效长度公称值及标准编号组成，如 AV13 × 1000 GB/T 13352 表示 AV13 型汽车 V 带，有效带长为 1 000 mm。带的基准长度在此可简单介绍，在后面带传动主要参数里专门学习。

（4）V 带轮的轮槽截面

教师在讲带轮轮槽截面形状尺寸时要和带的截面形状尺寸对照起来，基准宽度 b_d 等于节宽 b_p，基准直径 d_d 的概念要讲清楚，它是带传动主要参数计算的依据，槽角 φ（轮槽截面两侧边的夹角）应略小于 40°，常取 38°、36°、34°。

4．V 带传动的主要参数

（1）带的基准长度

先讲清楚带的基准长度的概念，然后写出计算公式：

$$L_{d0} = 2a_0 + \frac{\pi}{2}(d_{d1} + d_{d2}) + \frac{(d_{d2} - d_{d1})^2}{4a_0}$$

此公式是选择胶带长度的依据，通过此公式计算出来的数据结果，按教材表 1—2—3 规定系列确定普通 V 带的基准长度 L_d，比如计算结果 L_{d0} = 2 267 mm，查表 1—2—3 最终取标准基准长度 L_d = 2 240 mm。正规胶带都是根据国家标准生产的，有关数据都已标准化。

（2）小带轮的包角

对于包角的定义一定要讲清楚，包角是带与带轮接触弧所对的圆心角，用图 1—6 演示，强调大带轮包角始终大于小带轮包角，所以只要校核小带轮包角就行。

包角计算公式：

$$\alpha_1 \approx 180° - \frac{d_{d2} - d_{d1}}{a} \times 57.3°$$

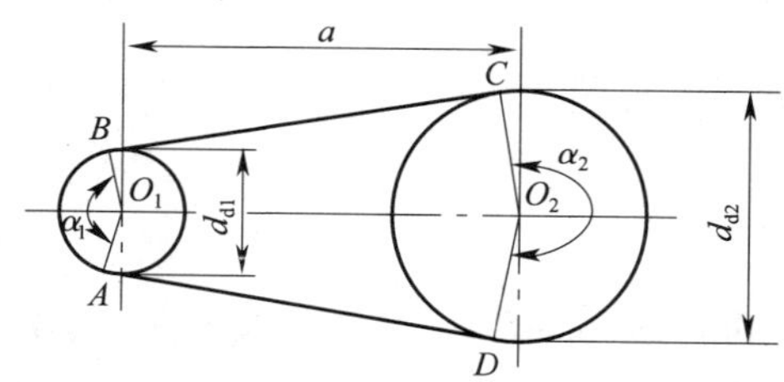

图 1—6　V 带传动的计算

一般要求小带轮上的包角 α_1 不得小于 120°。

（3）传动比

带传动的传动比定义和链传动的传动比定义相似，即传动比就是主动带轮转速 n_1 与从动带轮转速 n_2 之比。但要注意带传动转速之比与带轮的基准直径成反比，而链传动转速之比是与链轮齿数成反比。

如果不计带与带轮间打滑因素的影响，那么：

$$i = \frac{n_1}{n_2} = \frac{d_{d2}}{d_{d1}}$$

可以通过以下例题对以上三个公式进行应用。

【例 1—2】 某普通 V 带传动，已知主动带轮基准直径 $d_{d1} = 200$ mm，$n_1 = 1\ 000$ r/min，从动带轮转速 $n_2 = 500$ r/min，设计中心距 $a_0 = 800$ mm。试计算其传动比、从动带轮基准直径，验算包角，并计算 V 带的基准长度。

解：（1）$i_{12} = \frac{n_1}{n_2} = \frac{1\ 000}{500} = 2 < 7$，适用

（2）由 $i_{12} = \frac{n_1}{n_2} = \frac{d_{d2}}{d_{d1}} = 2$

有 $d_{d2} = 2d_{d1} = 2 \times 200 = 400$（mm）

（3）因为 $\alpha_1 \approx 180° - \frac{d_{d2} - d_{d1}}{a_0} \times 57.3°$

$$= 180° - \frac{400 - 200}{800} \times 57.3°$$

$$\approx 166° > 120°$$

所以　合格

（4）$L_{d0} = 2a_0 + \frac{\pi}{2}(d_{d1} + d_{d2}) + \frac{(d_{d2} - d_{d1})^2}{4a_0}$

$$= 2 \times 800 + \frac{3.14}{2} \times (200 + 400) + \frac{(400 - 200)^2}{4 \times 800}$$

$$= 2\ 554.5 \text{（mm）}$$

取基准长度为 2 500 mm。

5. 带传动的打滑

带传动的打滑有两种情况，这里要和学生交代清楚，一种是因摩擦力不足够大会产生打滑，还有一种是其本身固有的弹性打滑，不要混淆。

（1）摩擦力不足够大而产生的打滑

这种打滑现象可借助于前面带传动的工作原理图 1—5 来讲清楚，当主动带轮相对

于胶带或胶带相对于从动带轮运动时产生的摩擦力 F_1、F_2不足以克服摩擦阻力时，胶带就会产生打滑。同时分析打滑原因：一方面是摩擦因数小，另一方面是正压力（张紧力）小。实际工作中主要是胶带松了，张紧力小了，所以要进行张紧。张紧方法见教材。

（2）弹性打滑

在讲弹性打滑时先讲清楚什么是紧边和松边。紧边是指胶带被主动带轮卷入的边，松边是指被主动带轮卷出的边。带是弹性体，受力后将会产生弹性变形。由于紧边拉力大于松边拉力，因此紧边的伸长量大于松边的伸长量而引起打滑，这种打滑是带传动本身所固有的。

思考与练习答案

一、填空题

1. 圆心角、120°

2. 调整中心距、采用张紧轮

3. 5 ~ 25 m/s

二、判断题

1. √　2. ×　3. ×　4. √　5. √　6. √　7. √　8. √

三、计算题

解：（1）$i_{12}=\dfrac{n_1}{n_2}=\dfrac{d_{d2}}{d_{d1}}=\dfrac{300}{120}=2.5<7$，适用

（2）因为 $\alpha_1 \approx 180° - \dfrac{d_{d2}-d_{d1}}{a_0}\times 57.3°$

$$=180° - \frac{300-120}{800}\times 57.3°$$

$$\approx 167° > 120°$$

所以　合格

（3）$L_{d0}=2a_0+\dfrac{\pi}{2}(d_{d1}+d_{d2})+\dfrac{(d_{d2}-d_{d1})^2}{4a_0}$

$$=2\times 800+\frac{3.14}{2}\times(120+300)+\frac{(300-120)^2}{4\times 800}$$

$$\approx 2\ 269.5\ (\mathrm{mm})$$

取基准长度为 2 240 mm。

模块二

齿轮传动

课时分配表

教学内容	总学时	理论学时	实训学时
模块二　齿轮传动	16	14	2
课题一　齿轮传动的类型和特点	2	2	
一、齿轮传动的工作原理 二、齿轮传动的特点 三、传动比 四、齿轮传动的类型及应用		1	
五、渐开线齿廓		1	
课题二　直齿圆柱齿轮传动	4	4	
一、渐开线直齿圆柱齿轮的基本参数及几何尺寸计算		2	
二、齿轮副的正确啮合条件和连续传动条件		2	
课题三　其他齿轮传动	4	2	2
一、斜齿圆柱齿轮传动		1	1
二、锥齿轮传动 三、齿轮齿条传动		1	1
课题四　齿轮轮齿的失效形式与材料选择	2	2	
一、齿轮传动的失效形式		1.5	
二、齿轮常用材料		0.5	
课题五　蜗杆传动	4	4	
一、蜗杆传动的类型 二、蜗杆传动的特点及应用		1	
三、蜗杆传动的基本参数		2	
四、蜗杆传动的几何尺寸计算 五、蜗杆传动的正确啮合条件		1	

齿轮传动是机械传动中的一种很重要的传动，也是汽车变速器、差速器中必不可少的传动，是链传动、带传动不可替代的，它是汽车上很重要的传动方式。所以本模块重点要学习齿轮传动的类型、工作原理、应用特点、主要参数和一些传动特性等。

课题一　齿轮传动的类型和特点

一、教材分析及教学流程

本课题是齿轮传动的最基础的内容，主要内容有齿轮传动的工作原理、应用特点、传动比、齿轮传动的类型和应用，以及渐开线齿廓的形成。教学流程如图 2—1 所示。

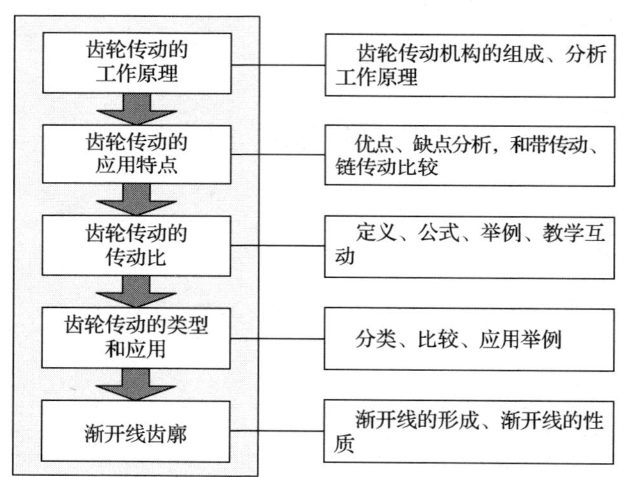

图 2—1　教学流程

二、教学要求

1. 熟悉齿轮传动的工作原理、特点、类型及应用。
2. 了解渐开线齿廓的形成及性质。
3. 掌握齿轮传动的传动比的计算方法。

三、教学重点和难点

1. 重点

齿轮传动的工作原理、传动比、特点、类型及应用。

2. 难点

渐开线齿廓的形成及性质。

四、教学建议

本课题内容多采用多媒体和实物相结合的教学方法比较好，同时多举些应用实例进行讲解，让学生们有感性认识，同时能激发学生们的学习兴趣，加深对齿轮的认识和理解，懂得齿轮在机械传动中的重要性。

1．齿轮传动的工作原理

在讲此原理时首先介绍齿轮传动机构的组成，借助多媒体或齿轮传动挂图，分析齿轮传动是依靠主动轮和从动轮在啮合时齿与齿相互作用的作用力来传递运动和动力的。教师可在传动图上沿着啮合线方向做出受力图，以此帮助理解传动原理（见教材图2—1—2）。

2．应用特点

在讲齿轮传动的应用特点时可对比链传动、带传动的特点，认识它们的不同点，真正理解齿轮传动的优点和缺点。

3．传动比

首先给出齿轮传动的传动比定义，指出它和链传动的传动比定义相同，都是指主动轮的转速与从动轮的转速之比或它们的角速度之比，与它们的齿数成反比。

$$i=\frac{\omega_1}{\omega_2}=\frac{n_1}{n_2}=\frac{z_2}{z_1}$$

通过举例来加深理解此公式，要告诉学生此公式很重要，它是今后学习轮系有关内容的基础。

【例2—1】 某汽车变速器的齿轮传动机构，其主动轮的齿数 $z_1=17$，从动轮的齿数 $z_2=47$。当主动轮转速 $n_1=1\ 380$ r/min 时，试计算传动比和从动轮转速 n_2。

解：

$$i=\frac{n_1}{n_2}=\frac{z_2}{z_1}=\frac{47}{17}\approx 2.76$$

则从动轮转速 n_2 为：

$$n_2=\frac{n_1}{i}=\frac{1\ 380}{2.76}=500\ (\text{r/min})$$

学生练习：若 1）$z_1=20$，$z_2=40$，$n_1=1\ 500$ r/min，那么 n_2 为多少？

2）若 $n_2=200$ r/min，那么 n_1 为多少？

教师可多提问学生，使学生做到举一反三。

4．齿轮传动的类型和应用

教材中列得很清楚，教师可将事先准备好的实物给学生们展示，让学生们知道齿轮传动有不同的类型和不同的应用，不需展开讲，这在后面的学习中将学到。

5. 渐开线齿廓

这部分内容比较抽象，教师在讲渐开线形成时要借助动画或事先做好的模型进行示范，讲清楚渐开线形成原理，然后讲齿轮的齿廓形成就容易了，如图 2—2、图 2—3 所示。

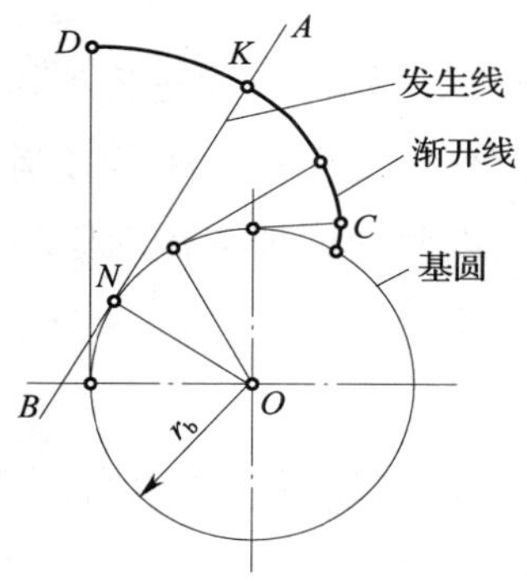

图 2—2 渐开线的形成

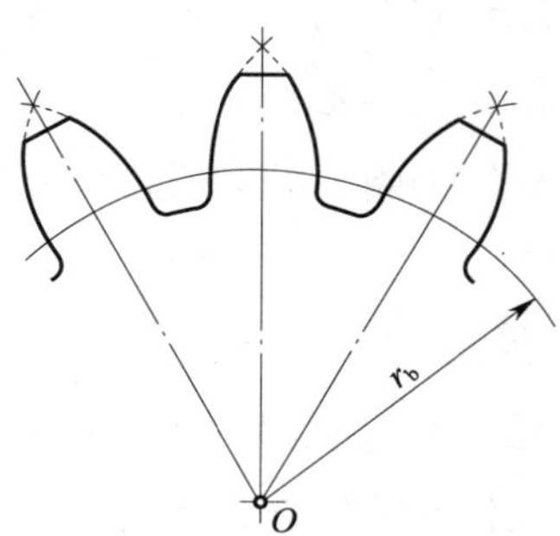

图 2—3 渐开线齿廓的形成

渐开线的性质这部分内容也较为抽象，教师要借助图形讲解，帮助和培养学生们具有一定的分析问题的能力，对渐开线的六个性质要理解，这样才能理解后面要学的齿轮传动的特性。在这六个性质中压力角的定义、做法要重点讲，它是齿轮中的一个重要参数。

思考与练习答案

一、问答题

1. 答：利用相互啮合的齿轮来传递运动和（或）动力的机械传动就是齿轮传动。

齿轮传动的优点：

(1) 能保证瞬时传动比恒定，传动平稳性好，传递运动准确可靠。

(2) 传递的功率和速度范围大。

(3) 传动效率高，维护简便，使用寿命长。

(4) 结构紧凑，可实现较大的传动比。

齿轮传动的缺点：

(1) 制造和安装精度要求高，工作时有噪声。

(2) 不能实现无级变速。

(3) 整体传动机构结构庞大、笨重，因此，不适宜用于中心距较大的场合。

2. 答：可分为直齿圆柱齿轮传动、斜齿圆柱齿轮传动、人字齿圆柱齿轮传动。

二、计算题

解：

$$i_{12}=\frac{n_1}{n_2}=\frac{z_2}{z_1}=\frac{50}{20}=2.5$$

则从动轮转速 n_2 为：

$$n_2=\frac{n_1}{i_{12}}=\frac{800}{2.5}=320\ (\text{r/min})$$

课题二　直齿圆柱齿轮传动

一、教材分析及教学流程

直齿圆柱齿轮是所有齿轮中的代表，它是本模块内容的重点，掌握了直齿圆柱齿轮的主要参数、几何尺寸计算、正确啮合条件，其他齿轮主要参数、几何尺寸计算、正确啮合条件就迎刃而解了，所以本课题是本模块内容的关键、重点。

教学流程如图 2—4 所示。

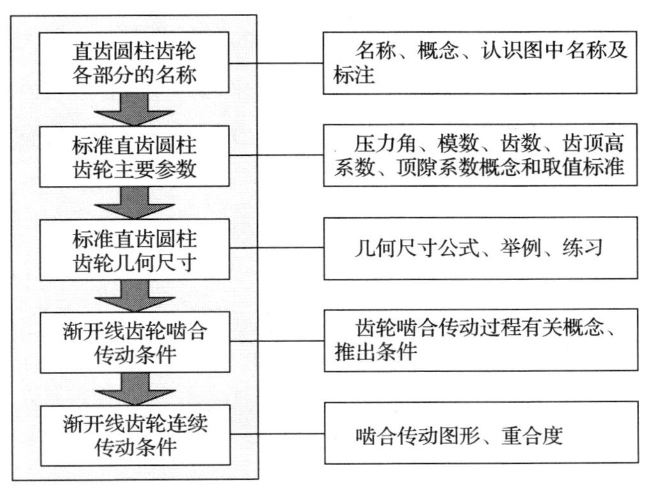

图 2—4　教学流程

二、教学要求

1. 掌握直齿圆柱齿轮的基本参数和几何尺寸计算。

2. 了解直齿圆柱齿轮的正确啮合条件。

三、教学重点和难点

1. 重点

直齿圆柱齿轮的基本参数和几何尺寸计算方法。

2. 难点

直齿圆柱齿轮几何尺寸计算公式的应用。

四、教学建议

首先熟悉直齿圆柱齿轮各部分名称以及概念，教师对照图形、多媒体演示或用挂图进行讲解。然后根据图形详细介绍直齿圆柱齿轮的主要参数，重点讲解直齿圆柱齿轮几何尺寸计算公式的应用。

1. 主要参数

压力角 α、模数 m、齿数 z、齿顶高系数 h_a^*、顶隙系数 c^* 这五个参数中，重点讲解压力角 α、模数 m，齿数 z、齿顶高系数 h_a^*、顶隙系数 c^* 做一般性的讲解。

（1）压力角 α

前面讲了渐开线齿廓上任意点的压力角，在这里把它限定为在齿廓与分度圆的交点上所做的压力角，对于标准压力角，国家标准规定为 $\alpha = 20°$。

如果压力角不等于 20°，那么齿形就不是标准齿形，而是变位齿形，这种齿轮也让学生们了解一下，如图 2—5 所示为在分度圆大小不变的条件下，齿轮齿形随分度圆压力角变化而变化的关系。当压力角小于 20°时，齿轮传动较省力，但轮齿根部变薄，齿轮承载能力下降，这种齿形为负变位齿形。当压力角大于 20°时，轮齿根部变厚，承载能力增大，但齿轮传动较费力，这种齿形为正变位齿形。故有的国家采用了小压力角的齿轮。我国规定压力角等于 20°，齿形恰当，适用于大多数机械传动。

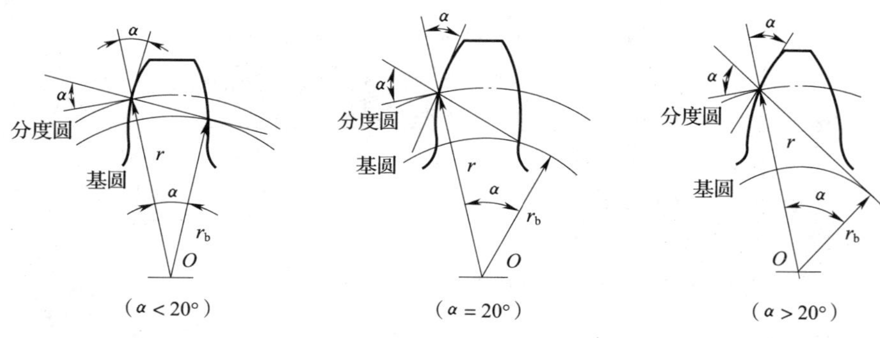

图 2—5　压力角

（2）模数

模数是齿轮的一个重要参数，在讲模数定义之前，要讲清楚分度圆、齿距的定义，然后讲出模数的定义，即模数 m 就是齿距除以圆周率 π 所得的商。

$$m = \frac{p}{\pi}$$

由公式可知，模数是反映齿形大小的，也是反映承载能力大小的，模数已经标准化、系列化，见教材表2—2—1。模数是有单位的，为毫米，且模数为有理数。

（3）齿轮的齿数 z

这里可以补充说明：正常标准直齿圆柱齿轮 $Z_{\min}=17$，标准短齿 $Z_{\min}=14$。小于这些齿数齿轮会发生根切，成为根切齿轮，即变位齿轮中的负变位齿轮。

（4）齿顶高系数 h_a^*

齿顶高 h_a 与模数 m 之比值称为齿顶高系数，用 h_a^* 表示，即：

$$h_a^* = \frac{h_a}{m}$$

标准直齿圆柱齿轮的齿顶高系数 $h_a^*=1$，标准短齿 $h_a^*=0.8$。

（5）顶隙系数 c^*

先讲清楚顶隙的概念：顶隙在齿轮的齿根圆柱面与配对齿轮的齿顶圆柱面之间的连心线上度量，用 c 表示。然后引出顶隙 c 与模数 m 之比值称为顶隙系数，用 c^* 表示，即：

$$c^* = \frac{c}{m}$$

$$h_f = h_a + c = (h_a^* + c^*)m$$

标准直齿圆柱齿轮的顶隙系数 $c^*=0.25$，标准短齿 $c^*=0.3$。

2．几何尺寸计算

几何尺寸计算公式的推导结合齿轮几何尺寸图形，以分度圆直径尺寸计算公式为计算基准，推导出齿顶圆、齿根圆、基圆的直径公式，归纳为齿轮上共有四个圆。同时列出齿轮的三个高：齿顶高、齿根高、全齿高公式，然后再推出其他公式，具体见教材表2—2—2，同时告诉学生这些公式可以通过机械零件设计手册来查取。可以通过例题的形式来引导学生应用这些计算公式，起到举一反三的作用。

【例2—2】一标准直齿圆柱齿轮，已知齿数 $z=36$，齿顶圆直径 $d_a=304$ mm。试计算其分度圆直径 d、齿根圆直径 d_f、齿距 p 以及齿高 h。

解：由式 $d_a=m(z+2)$ 得：

$$m = \frac{d_a}{z+2} = \frac{304}{36+2} = 8\ (\text{mm})$$

将 m 代入有关各式，得：

$$d = mz = 8 \times 36 = 288\ (\text{mm})$$

$$d_f = m(z - 2.5) = 8 \times (36 - 2.5) = 268\ (\text{mm})$$

$$p = \pi m = 3.14 \times 8 = 25.12\ (\text{mm})$$

$$h = 2.25m = 2.25 \times 8 = 18\ (\text{mm})$$

根据此例题可以提问，让学生来求其他几何尺寸，也可以列举其他例题。

3．渐开线直齿圆柱齿轮正确啮合条件

这部分内容比较抽象，要让学生理解，首先应弄清楚渐开线齿轮啮合过程，借助教材图2—2—4a，熟悉节点、节圆、啮合线、啮合角的概念，分清楚节圆与分度圆、啮合角与压力角的关系。另外，由渐开线性质可知，法向齿距 P_n 与基圆齿距 P_b 相等，

因此　$p_{b1} = p_{b2}$

而　$p_b = p\cos\alpha = \pi m\cos\alpha$

得到　$m_1\cos\alpha_1 = m_2\cos\alpha_2$

式中，m_1、m_2、α_1、α_2分别为两轮的模数和分度圆压力角。由于 m、α 均已标准化，所以，得到正确啮合条件为：

$$m_1 = m_2 = m$$

$$\alpha_1 = \alpha_2 = \alpha$$

可见直齿圆柱齿轮正确啮合的条件是两齿轮的模数和压力角必须分别相等，并为标准值。

4．连续传动条件

（略讲）

思考与练习答案

一、填空题

1. 传动比、准确性
2. 模数、压力角
3. 齿槽宽、齿厚
4. 齿厚、齿槽宽相等

二、判断题

1. √　2. ×　3. √　4. ×

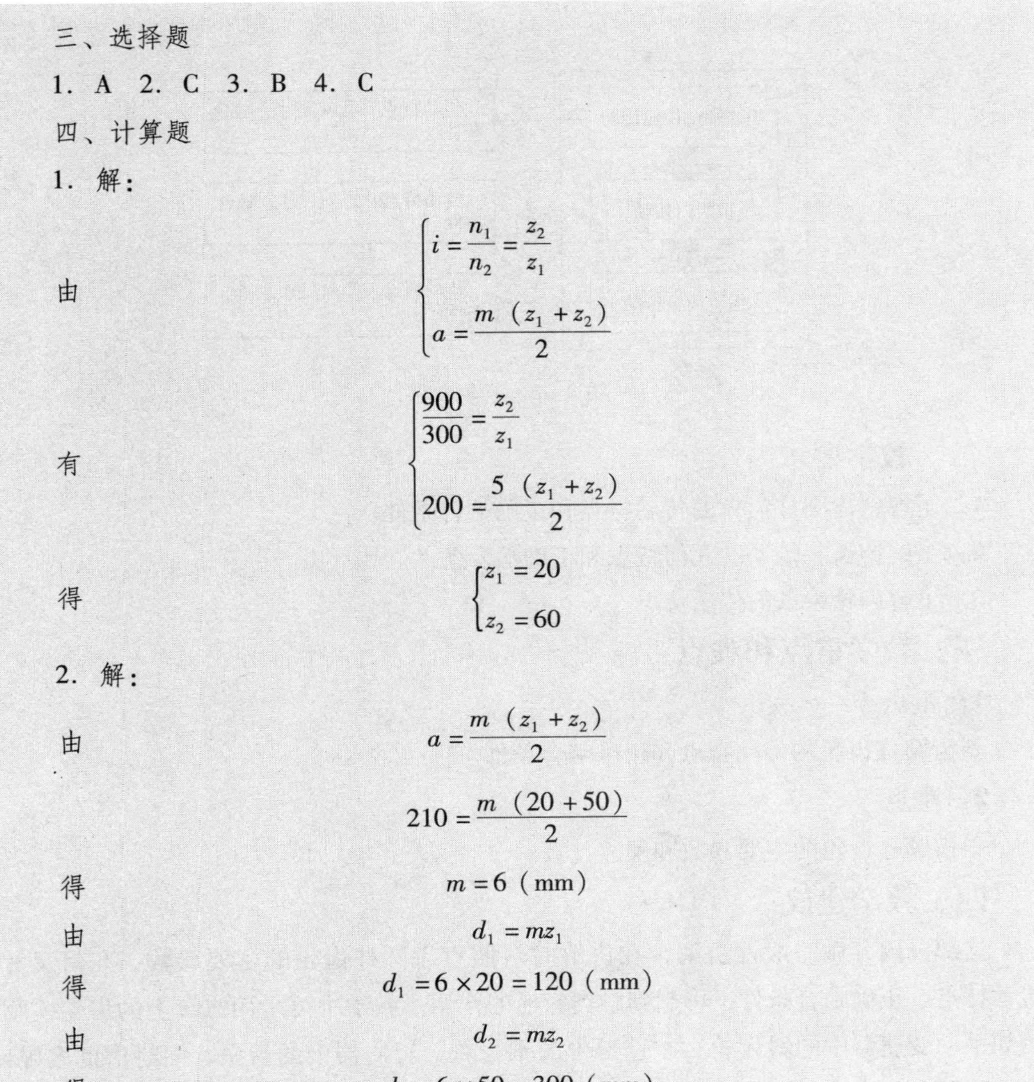

三、选择题

1. A　2. C　3. B　4. C

四、计算题

1. 解:

由
$$\begin{cases} i=\dfrac{n_1}{n_2}=\dfrac{z_2}{z_1} \\ a=\dfrac{m\ (z_1+z_2)}{2} \end{cases}$$

有
$$\begin{cases} \dfrac{900}{300}=\dfrac{z_2}{z_1} \\ 200=\dfrac{5\ (z_1+z_2)}{2} \end{cases}$$

得
$$\begin{cases} z_1=20 \\ z_2=60 \end{cases}$$

2. 解:

由
$$a=\frac{m\ (z_1+z_2)}{2}$$

$$210=\frac{m\ (20+50)}{2}$$

得
$$m=6\ (\text{mm})$$

由
$$d_1=mz_1$$

得
$$d_1=6\times 20=120\ (\text{mm})$$

由
$$d_2=mz_2$$

得
$$d_2=6\times 50=300\ (\text{mm})$$

课题三　其他齿轮传动

一、教材分析及教学流程

前面主要学习了直齿圆柱齿轮，对于其他齿轮传动做简要介绍，本课题主要介绍汽车上常用的斜齿轮、锥齿轮及齿轮齿条传动的特点、几何尺寸、正确啮合条件。教学流程如图 2—6 所示。

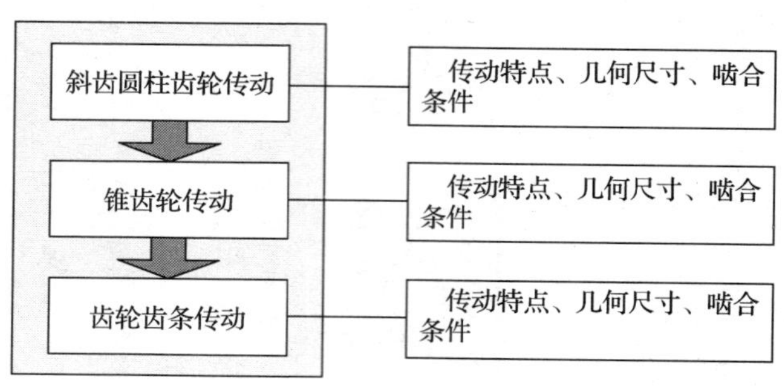

图 2—6 教学流程

二、教学要求

1. 了解斜齿圆柱齿轮的传动特点和正确啮合条件。
2. 了解锥齿轮传动的几何特点和正确啮合条件。
3. 了解齿轮齿条的传动特点。

三、教学重点和难点

1．重点

斜齿圆柱齿轮的传动特点和正确啮合条件。

2．难点

斜齿圆柱齿轮的主要参数和尺寸计算。

四、教学建议

这部分内容做一般性讲解，在讲解时对照直齿圆柱齿轮的主要参数、几何尺寸、传动特点、正确啮合条件，可起到触类旁通的作用。教学中可采用汽车上的齿轮实物，例如手动变速器中的斜齿轮、差速器中的锥齿轮、转向器中的齿条，同时借助多媒体中的图形进行讲解和分析。实践课可将学生带到汽车变速器车间，教师边示范拆卸边讲解斜齿轮、锥齿轮、直齿轮在变速器中的应用。

1．斜齿圆柱齿轮传动

（1）传动特点

首先由直齿圆柱齿轮的齿面形成引出斜齿圆柱齿轮的齿面形成，比较：它们的形成方法类似，不同点主要在于发生面上的 *KK* 线与轴线 *OO* 方向所夹的螺旋角 β 值不同，直齿圆柱齿轮 $\beta=0$，斜齿圆柱齿轮 $\beta\neq0$；直齿圆柱齿轮的齿线平行于轴线，而斜齿圆柱齿轮齿线是螺旋线，在此教给学生左旋、右旋判断方法。

知道了斜齿圆柱齿轮的形成方法以及齿线，由此引出斜齿圆柱齿轮不同于直齿轮的特点，即斜齿圆柱齿轮传动的优点和缺点。

（2）几何尺寸

先介绍斜齿圆柱齿轮的主要参数（和直齿圆柱齿轮比较）：模数有法向模数 m_n、周向模数 m_t；压力角有法向压力角 a_n、周向压力角 a_t，其中取法向模数和法向压力角为标准参数；螺旋角 β。它们的关系和几何尺寸计算见教材表 2—3—1，对斜齿圆柱齿轮几何尺寸只做一般性的认识，知道它的公式含义，会运用就行了，不需做详细的计算。

（3）正确啮合条件

先和学生回忆一对直齿圆柱齿轮啮合条件：$\begin{cases} m_1 = m_2 = m \\ \alpha_1 = \alpha_2 = \alpha \end{cases}$

再引出一对斜齿圆柱齿轮传动能够正确啮合的条件：

$$\begin{cases} \text{两齿轮法向模数相等，即 } m_{n1} = m_{n2} \\ \text{两齿轮法向压力角相等，即 } \alpha_{n1} = \alpha_{n2} \\ \text{两齿轮螺旋角相等，旋向相反，即 } \beta_1 = -\beta_2 \end{cases}$$

2．锥齿轮传动

（1）几何特点

主要讲清楚直齿圆锥齿轮两传动轴的关系，锥齿轮用来传递两相交轴的旋转运动，两轴的交角通常为 90°。由此引出直齿锥齿轮的几何特点是直齿锥齿轮按其顶隙沿齿宽是否变化，可分为不等顶隙收缩齿和等顶隙收缩齿两种。现主要采用等顶隙锥齿轮传动，即两轮的顶隙由齿轮大端到小端都是相等的。在这种传动中，两轮的分度圆锥和齿根圆锥的锥顶共点，但两轮的齿顶圆锥因其母线各自平行于与之啮合传动的另一锥齿轮的齿根圆锥母线，所以其锥顶不再重合于一点（不等顶隙收缩齿锥齿轮，其两轮的分度圆锥、齿根圆锥和齿顶圆锥的锥顶共点）。锥齿轮由大端至小端，其模数不同。在设计与计算中，规定以大端模数为依据并采用标准模数。

（2）几何尺寸

首先向学生们介绍国家标准 GB/T 12368—1990《锥齿轮模数》规定了锥齿轮大端端面模数的标准值（教材表 2—3—2），适用于直齿、斜齿及曲线齿锥齿轮。

其他压力角和直齿轮相同，和学生一起识读标准直齿锥齿轮几何尺寸：大端端面模数采用标准模数（教材表 2—3—2）、法向压力角 $\alpha = 20°$、齿顶高等于模数、全齿高等于 $2.2m$ 的直齿锥齿轮称为标准直齿锥齿轮。公式见教材表 2—3—3，计算不做要求。

（3）直齿锥齿轮的正确啮合条件

比较直齿圆柱齿轮，得出直齿锥齿轮的正确啮合条件是：

1）两齿轮的大端端面模数相等，即 $m_1 = m_2$。

2）两齿轮的压力角相等，即 $\alpha_1=\alpha_2$

3．齿轮齿条传动

（1）齿条的特性

强调一下齿条的形成：当齿轮的基圆半径增大到无穷大时，渐开线变成一条直线，这时的齿轮就变成了齿条。这时分度圆、齿顶圆、齿根圆和基圆变成了相互平行的直线，即分度线、齿顶线、齿根线、基准线，齿数分布在这些线上成为齿条。

齿轮齿条啮合传动时，把齿条的直线往复运动变为齿轮的回转运动或将齿轮的回转运动变为齿条的直线往复运动，齿条上各点速度大小和方向都是一致的。齿廓上各点的压力角相等，如果是标准齿条，压力角 $\alpha=20°$，齿条上各齿同侧齿廓线平行且齿距相等。

（2）几何尺寸

齿条的齿形尺寸和直齿轮类似。

齿条的齿顶高 $h_a=m$，齿条的齿根高 $h_f=1.25m$，齿条的齿厚 $s=\frac{1}{2}p=\frac{1}{2}\pi m$，齿条的齿槽宽 $e=\frac{1}{2}p=\frac{1}{2}\pi m$。

了解齿条传动时，当齿轮的转速为 n_1，模数为 m（mm），齿数为 z_1，则齿条的移动速度为 $v=n_1\pi d_1=n_1\pi m z_1$（mm/min）；当齿轮每回转 1 周时，齿条移动的距离 $L=\pi d_1=\pi m z_1$（mm）。

齿条齿轮传动应用：汽车转向器。

思考与练习答案

一、填空题

1. 左旋、右旋

2. 等顶隙、不等顶隙

二、判断题

1. × 2. √

三、选择题

1. C 2. C 3. C 4. C、D

课题四　齿轮轮齿的失效形式与材料选择

一、教材分析及教学流程

本课题主要让学生熟悉齿轮在工作过程中由于长期使用疲劳或操作不当，或选材不当，可能会造成齿轮被破坏，也就是失效。当发生失效时，齿轮就不能再使用了。具体表现为五种失效形式（见教材表2—4—1），对五种失效形式分析其产生原因，用图形解读，结合实例，针对每一种失效形式，总结出解决方法和使用注意事项。熟悉齿轮常用材料。引导学生看教材表2—4—2并分析。本课题教学流程如图2—7所示。

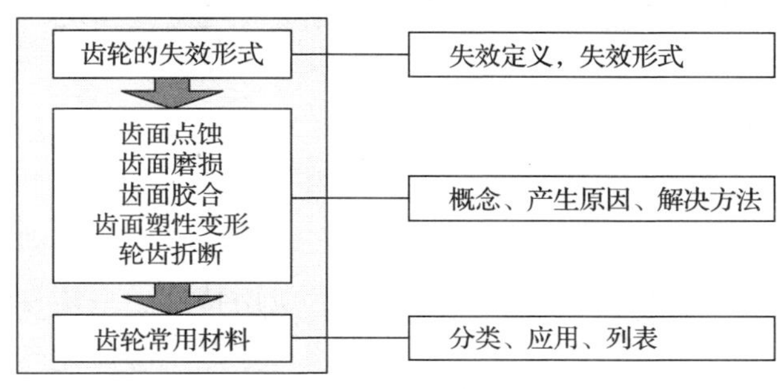

图2—7　教学流程

二、教学要求

1. 了解齿轮轮齿的失效概念。
2. 掌握齿轮轮齿的失效形式。
3. 了解齿轮常用材料。

三、教学重点和难点

1. 重点

齿轮轮齿的失效形式。

2. 难点

齿轮轮齿失效的产生原因及解决办法。

四、教学建议

本课题重点分析齿轮轮齿失效的形式、失效原因、解决方法，分析过程中借助于图表、实物，使学生能够由感性认识上升到理性认识。齿轮常用材料只做一般性的了解。

1. 齿轮轮齿的失效形式

准备好几种齿轮失效的实物作为实例，弄清楚五种失效形式的概念，分析其原因和解决方法。

2．齿轮常用材料

主要认识齿轮常用材料的类型、应用场合、热处理方法（一般性了解）、硬度。

思考与练习答案

1. 答：齿面点蚀、齿面磨损、齿面胶合、齿面塑性变形、轮齿折断。
2. 答：属于齿面塑性变形。

课题五　蜗 杆 传 动

一、教材分析及教学流程

蜗杆传动是齿轮传动中的一种特殊传动，它结合了斜齿轮传动和螺旋机构传动的特点。本课题主要介绍蜗杆传动的组成、类型、应用特点、主要参数、几何尺寸和正确啮合条件。在讲解过程中可结合多媒体、实物，重点讲解应用特点、主要参数，同时可结合前面所学的直齿轮和斜齿轮知识，这样进行讲解更容易些。

本课题教学流程如图 2—8 所示。

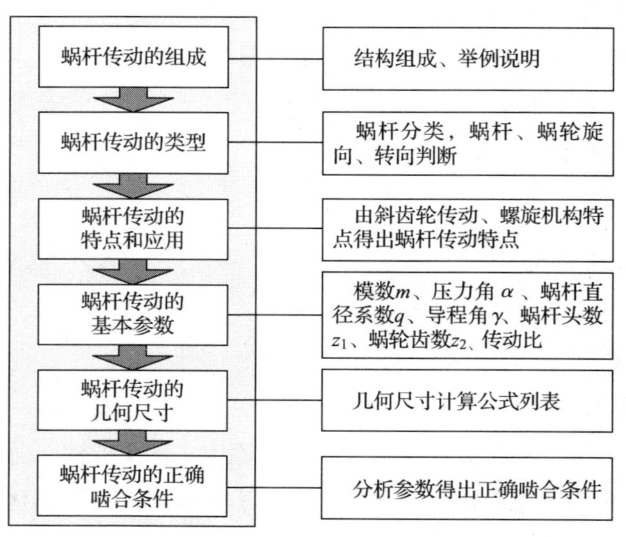

图 2—8　教学流程

二、教学要求

1. 熟悉蜗杆传动的类型、特点及应用。
2. 熟悉蜗杆传动的基本参数及几何尺寸计算。
3. 掌握蜗杆蜗轮旋转方向的判定方法。
4. 了解蜗杆传动的正确啮合条件。

三、教学重点和难点

1. 重点

蜗杆传动的特点、蜗杆蜗轮旋转方向的判定方法、蜗杆传动的基本参数。

2. 难点

蜗杆传动的基本参数及几何尺寸计算公式。

四、教学建议

蜗杆传动类似于齿轮传动，但不同于齿轮传动，教学中首先要讲清楚蜗杆传动机构的组成，教学中结合多媒体和实物或挂图，采用对比法进行讲解，重点讲解蜗杆传动的特点、主要参数，对几何尺寸、正确啮合条件做对比性介绍。

1. 蜗杆传动的组成

在讲蜗杆传动时，要交代清楚该机构由蜗杆和蜗轮组成，两轴交错成90°，主动件是蜗杆，从动件是蜗轮。讲清楚蜗杆和蜗轮的定义：

蜗杆：一个齿轮，当它只具有一个或几个螺旋齿，并且与蜗轮啮合而组成交错轴齿轮副时，称为蜗杆。

蜗轮：一个齿轮，它作为交错轴齿轮副中的大齿轮而与配对蜗杆相啮合时，称为蜗轮。

2. 蜗杆传动的类型

蜗杆传动的类型做一般性介绍，重点知道阿基米德蜗杆就是普通蜗杆，结合教材图表弄清楚蜗杆的种类。

对于蜗杆和蜗轮的旋向和转向要会判断，要知道它们的判断方法，通过练习、教学互动来掌握。

如图2—9所示，判断下列蜗杆蜗轮的旋向。

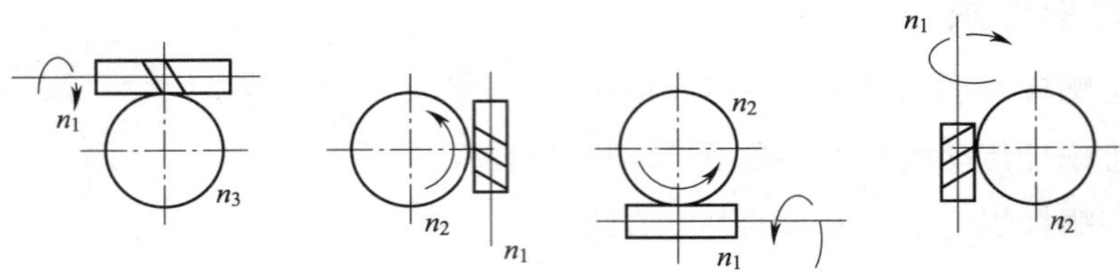

图 2—9　判断蜗轮蜗杆的旋向

3．蜗杆传动的特点和应用

可通过多媒体图解分析：

(1) 从形成看，蜗杆传动由斜齿轮传动演化而来。因而具有斜齿轮传动的特点 (例如传动平稳，承载能力大，传动比准确，产生轴向力等)。

(2) 从整体看，蜗杆蜗轮齿面间的相对运动类似于螺旋传动，传动连续平稳、无噪声。因而可直接应用螺旋传动的某些结论（例如传动效率、自锁条件等)。

由以上分析得出蜗杆传动的特点：

(1) 传动比大且准确，而结构很紧凑。

(2) 传动平稳，承载能力大，几乎没有噪声。

(3) 具有自锁性。

(4) 传动效率低。

(5) 齿面磨损大且发热严重，故常用青铜等减摩材料来制造蜗轮。

(6) 不能任意互换啮合。

蜗杆传动的应用：两轴交错、传动比较大、传递功率不太大或间歇工作的机构以及有自锁要求的机械中。

4．蜗杆传动的基本参数

这里讲的蜗杆传动均指的是阿基米德蜗杆，因为它应用最广泛，所以这里主要介绍该蜗杆传动的基本参数（见图 2—10)。

首先要引导学生们看懂下面图形，过蜗杆轴线与蜗轮轴线相垂直的平面称为中间平面。在中间平面上，蜗杆和蜗轮的啮合可看作齿条与渐开线齿轮的啮合。因此，蜗杆传动的参数和几何尺寸计算与齿轮传动相似，设计和加工都以中间平面上的参数和尺寸为基准。

(1) 模数 m 和压力角 α

这里要强调中间平面内几何参数是标准值，所以蜗杆的轴向模数 m 等于与其配对蜗轮的端面模数 m，且它们的模数均已标准化。蜗杆的模数见教材表 2—5—2。

阿基米德蜗杆的齿形角是指蜗杆的轴向齿形角 α_x，并和蜗轮的端面齿形角 α_t 相等，即 $\alpha = 20°$。

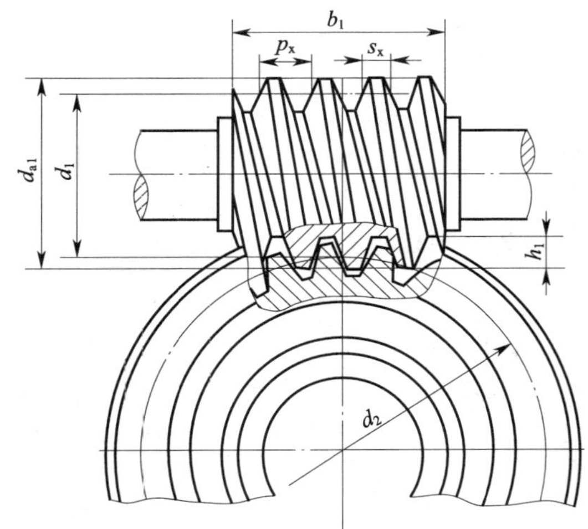

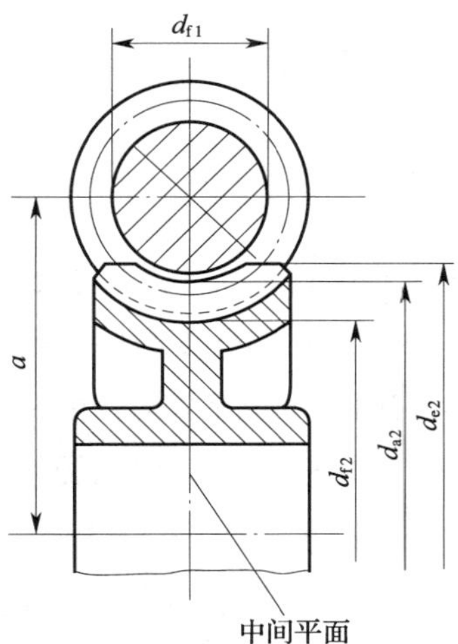

图 2—10　蜗杆传动的基本参数

（2）蜗杆直径系数 q

蜗杆直径系数 q 相对于直齿轮、斜齿轮是一个新的参数，要讲清楚它的概念，即蜗杆直径系数是指蜗杆分度圆直径 d_1 除以轴向模数 m 的商，即 $q=d_1/m$。

GB/T 10085—88《圆柱蜗杆传动基本参数》规定了模数 $m \geqslant 1$ mm、轴交角 $\Sigma=90°$ 的蜗杆传动的基本参数。

圆柱蜗杆传动的分度圆直径 d_1 和直径系数 q 见教材表 2—5—3，引导学生看懂此表。

（3）蜗杆头数 z_1、蜗轮齿数 z_2、蜗杆传动的传动比

介绍蜗杆头数通常为 $z_1=1$、2、4、6。头数多，加工困难，但传动效率高。当要求传动比大或传递转矩大时，z_1 取小值。要求自锁时，取 $z_1=1$，此时传动效率较低。要求传递功率大、效率高、传动速度大时，z_1 取大值。蜗轮齿数 $z_2=iz_1$，蜗轮齿数取值过少会产生根切，z_2 应大于 26，但不宜大于 80。若 z_2 过大，会使结构尺寸过大，蜗杆刚度下降。

对于传动比公式要掌握，它同于齿轮传动的传动比公式：

$$i=\frac{n_1}{n_2}=\frac{z_2}{z_1}$$

练一练

一蜗杆传动，已知蜗杆头数 $z_1=2$，转速 $n_1=900$ r/min，蜗轮齿数 $z_2=60$，则蜗轮转速 n_2 为多少？

解：

$$i=\frac{n_1}{n_2}=\frac{z_2}{z_1}=\frac{60}{2}=30$$

$$n_2=\frac{n_1}{i}=\frac{900}{30}=30\ (\mathrm{r/min})$$

通过此题的练习，让学生们明白蜗杆传动的传动比较大，减的速度较多。

（4）蜗杆的分度圆柱导程角 γ

利用图形讲清楚蜗杆的分度圆柱导程角 γ 的定义，即蜗杆分度圆柱螺旋线的切线与端平面之间所夹的锐角（见图 2—11）。当蜗杆直径系数 q 和蜗杆头数 z_1 选定之后，γ 也随之确定。即：

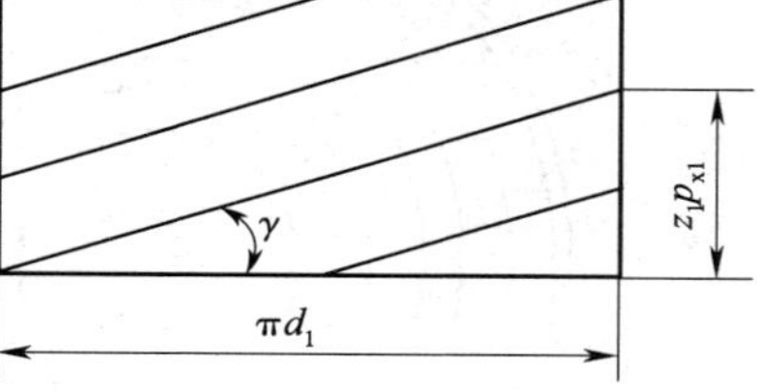

图 2—11　蜗杆展开图

$$\tan\gamma=\frac{mz_1}{d_1}=\frac{z_1}{q}$$

导程角 γ 越大，传动效率越高。常用 γ 的范围为 3°～33. 5°。

5．蜗杆传动的几何尺寸计算

此几何尺寸计算公式只做一般性的介绍认识，找出与直齿圆柱齿轮相同的和不同的地方进行比较，看懂公式的含义，对计算不做要求。

6．蜗杆传动的正确啮合条件

熟悉圆柱蜗杆传动的正确啮合条件，对比直齿轮、斜齿轮传动啮合条件，比较如下：

$$\begin{cases}m_{x1}=m_{t2}=m\ (\text{在中间平面内})\\ \alpha_{x1}=\alpha_{t2}=\alpha=20^\circ\ (\text{在中间平面内})\\ \gamma_1=\beta_2\end{cases}$$

思考与练习答案

一、判断题

1. √　2. √

二、选择题

1. C　2. B、A

模块三 轮系

课时分配表

教学内容	总学时	理论学时	实训学时
模块三　轮系	10	8	2
课题一　定轴轮系	5	4	1
一、轮系的类型 二、轮系的应用特点		1	
三、定轴轮系传动比的计算		3	1
课题二　周转轮系	5	4	1
一、周转轮系的分类和组成 二、传动比的计算		2	
三、行星齿轮机构传动		2	1

前面已经学习了齿轮传动，在实际生产设备中是以多组齿轮传动组合起来的传动系统，也就是轮系。轮系是机器设备中很重要的传动系统，它可改变机器的运转速度和方向，汽车的手动变速器、自动变速器、差速器均采用了轮系，那么它们是如何改变机器的转速和方向的呢，这是我们重点要给学生解决的问题。轮系可分为定轴轮系和周转轮系，本模块主要学习这两种轮系的传动比计算以及转速的计算。

课题一　定轴轮系

一、教材分析及教学流程

定轴轮系这部分内容是整个轮系学习内容的基础和关键，这部分内容从每对齿轮传动比计算公式入手，然后导出定轴轮系的传动比公式，同时要确定每对齿轮转向，特别要注意惰轮在轮系中所起的作用。定轴轮系传动比的计算实训课可利用手动变速器或其他变速箱的结构进行计算验证。

本课题教学流程如图 3—1 所示。

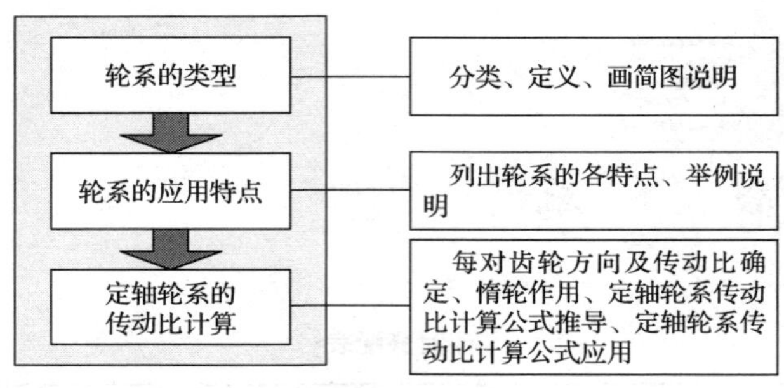

图 3—1 教学流程

二、教学要求

1. 熟悉轮系的类型及应用特点。

2. 掌握定轴轮系末轮转动方向的判定方法，以及传动比的计算。

三、教学重点和难点

1. 重点

定轴轮系传动比的计算以及末轮转动方向的判定方法。

2. 难点

定轴轮系传动比的计算及应用。

四、教学建议

在讲这部分内容时首先和学生们复习前面所学的各种齿轮机构，然后举例汽车手动变速器中由哪些齿轮组成，再由人们戴的机械手表也是由齿轮机构组成，结合多媒体图形，从而引出轮系的定义、轮系的分类，以及轮系的应用特点，使学生对轮系有一个感性认识，然后重点介绍定轴轮系传动比计算公式推导和应用。

实践课利用实训室的手动变速器，讲解它的传动原理，计算其不同挡位的传动比。

1. 每对齿轮的传动比及方向

要会计算定轴轮系传动比，首先要知道每对齿轮的传动比及方向。

（1）平行轴传动（见图 3—2、图 3—3）

（2）非平行轴传动

传动比不能用正、负号表示，齿轮的转向只能用箭头标注。

1）传动比 i：
$$i_{12}=\frac{n_1}{n_2}=\frac{z_2}{z_1}$$

2）回转方向：只能用画箭头法表示，如图 3—4 的一对锥齿轮，图 3—5 的一对蜗轮蜗杆。

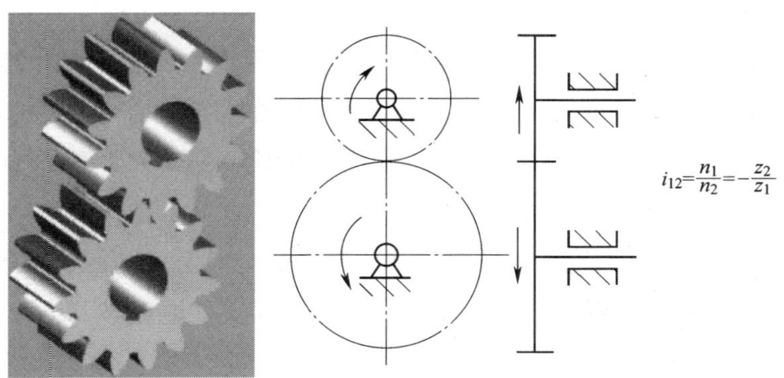

图 3—2　外啮合齿轮转向相反（用“－”表示，标注反向箭头）

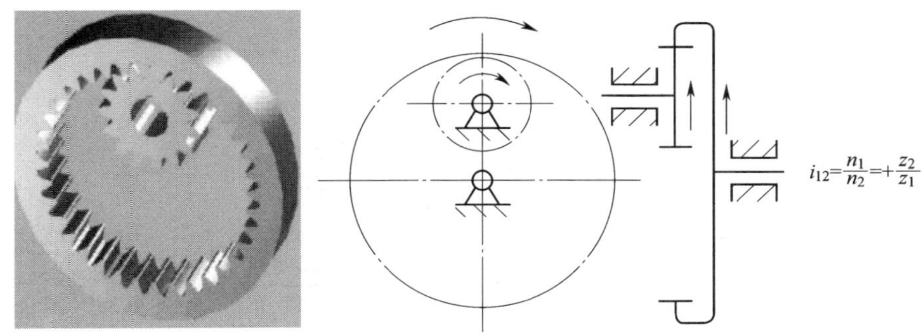

图 3—3　内啮合齿轮转向相同（用“＋”表示，标注同向箭头）

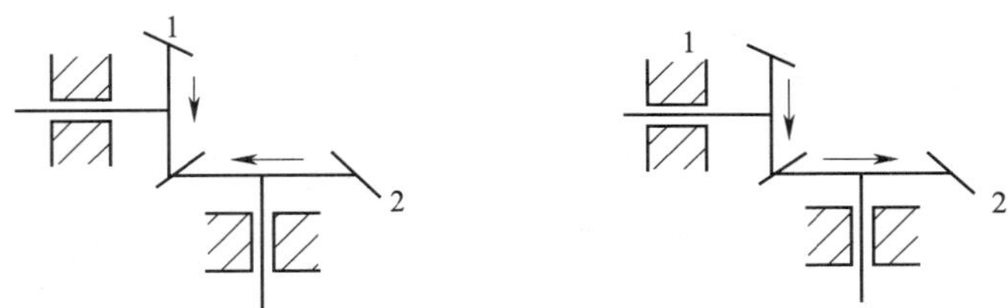

图 3—4　锥齿轮（回转方向用画箭头法表示）

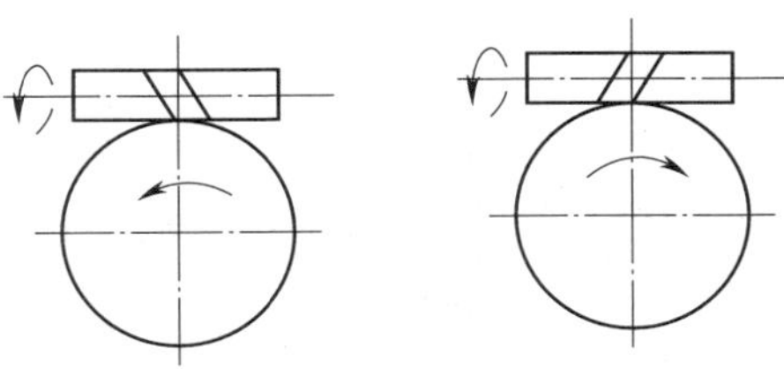

图 3—5　蜗轮蜗杆（回转方向用画箭头法表示）

2．惰轮

在轮系中一定要弄清楚惰轮的作用，否则，在计算时容易出错。

惰轮：既是前级齿轮的从动轮，又是后级齿轮的主动轮，是一个中间齿轮。

作用：只改变轮系的方向，不改变传动比大小。在主、从动轮之间加奇数个惰轮，主、从动轮方向相同；在主、从动轮之间加偶数个惰轮，主、从动轮方向相反。

3．定轴轮系传动比计算公式推导

教材中是直接给出定轴轮系（见图 3—6）传动比计算公式的，这里建议教师在授课时将定轴轮系传动比公式推导一下，这样能帮助学生更好地理解。

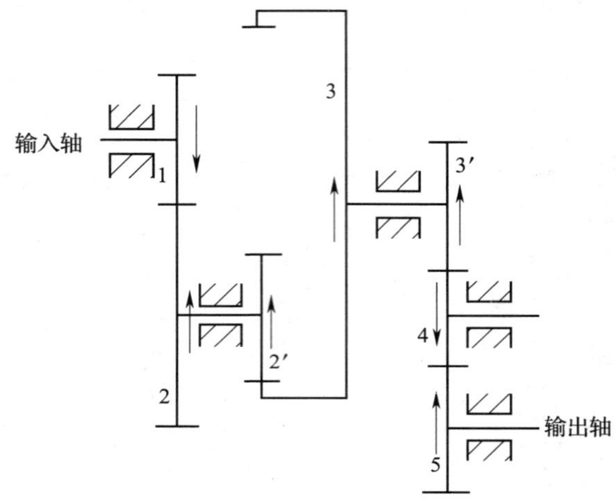

图 3—6　定轴轮系

$$i_{12}i_{2'3}i_{3'4}i_{45} = \frac{n_1}{n_2}\cdot\frac{n_2{}'}{n_3}\cdot\frac{n_3{}'}{n_4}\cdot\frac{n_4}{n_5} = \left(-\frac{z_2}{z_1}\right)\cdot\frac{z_3}{z_2{}'}\cdot\left(-\frac{z_4}{z_3{}'}\right)\cdot\left(-\frac{z_5}{z_4}\right)$$

$$i_{15} = \frac{n_1}{n_5} = (-1)^3\frac{z_2z_3z_5}{z_1z_2'z_3'}$$

由此得传动比的一般公式为：

$$i_{1k} = \frac{\omega_1}{\omega_k} = \frac{n_1}{n_k} = (-1)^m\frac{\text{所有从动轮齿数乘积}}{\text{所有主动轮齿数乘积}}$$

式中　m——外啮合齿轮对数。

定轴轮系传动比是指轮系中首末两轮的转速之比。

若计算结果为正，则表示轮系首末两轮（即主、从动轴）回转方向相同；结果为负，则表示首末两轮回转方向相反。但此判断方法，只适用于平行轴圆柱齿轮传动的轮系。

对于有锥齿轮、交错轴斜齿轮或蜗杆蜗轮等空间齿轮机构的定轴轮系，其传动比大小仍按上式计算。但传动比的正负号、各轮的转向不能根据 $(-1)^m$ 确定，而必须用画箭头的办法确定各轮的转向。

通过教材上例题巩固公式，加深对公式的理解，结合生产实际，特别是要针对汽车上的应用和学生进行互动。

教学互动答案：

教学互动

桑塔纳 2000 系列轿车五挡手动变速器的结构如图 3—7 所示，计算各挡位的传动比。

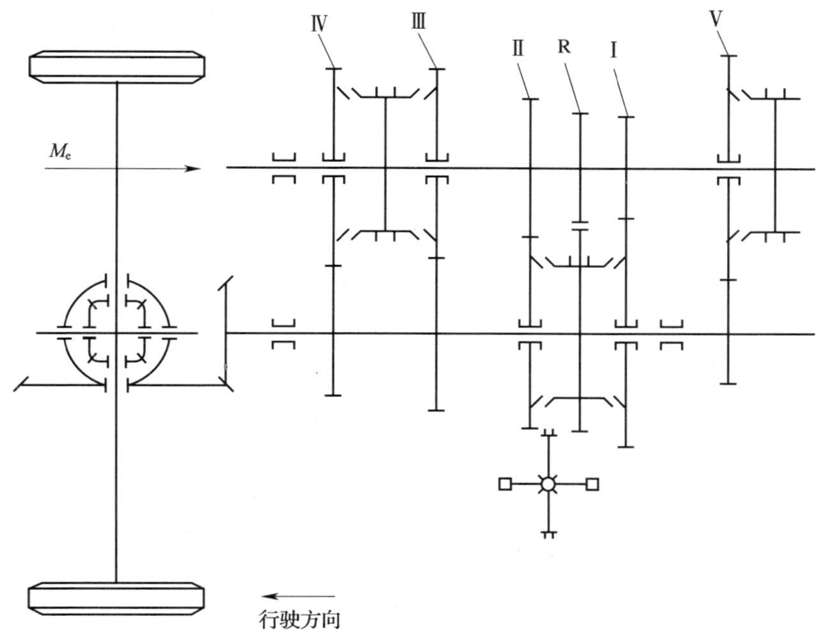

挡位	Ⅰ	Ⅱ	Ⅲ	Ⅳ	Ⅴ	R
主动轮齿数	11	18	28	32	35	12
从动轮齿数	38	35	36	31	28	38
传动比	3.455 (38 : 11)	1.944 (38 : 18)	1.286 (38 : 28)	0.969 (38 : 32)	0.800 (38 : 35)	3.176 (38 : 12)

图 3—7　桑塔纳 2000 型轿车五挡手动变速器的结构

在定轴轮系传动比计算公式应用过程中，还要注意补充一下滑移齿轮的使用，结合下面的例题，弄懂滑移齿轮在定轴轮系中的作用，同时理解汽车变速器的变速原理。

【例 3—1】 在图 3—8 所示的汽车变速器中，已知 $z_1=19$，$z_2=38$，$z_3=31$，$z_4=26$，$z_5=21$，$z_6=36$，$z_7=14$，$z_8=12$，$n_{\text{I}}=1\ 000$ r/min，求轴Ⅲ的四挡转速（轴Ⅰ为主动轴）。

解： 当两半离合器 x、y 直接接合时，汽车高速前进，这时：

$$n_{Ⅲ}=n_{Ⅰ}=1\ 000\ (\mathrm{r/min})$$

当齿轮 4 和 3 啮合时，汽车中速前进，则有：

$$i_{ⅠⅢ}=\frac{n_{Ⅰ}}{n_{Ⅲ}}=(-1)^2$$

$$\frac{z_2 z_4}{z_1 z_3}=+\frac{38\times 26}{19\times 31}=+\frac{52}{31}$$

所以 $n_{Ⅲ}=\dfrac{n_{Ⅰ}}{i_{ⅠⅢ}}=\dfrac{31\times 1\ 000}{52}=596\ (\mathrm{r/min})$

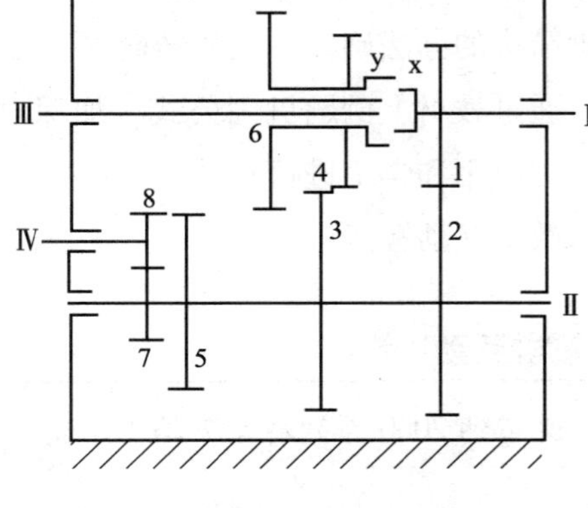

图 3—8 汽车变速器

轴Ⅲ与轴Ⅰ转向相同。

当齿轮 6 和 5 啮合时，汽车低速前进，则有：

$$i_{ⅠⅢ}=\frac{n_{Ⅰ}}{n_{Ⅲ}}=(-1)^2\frac{z_2 z_6}{z_1 z_5}=+\frac{38\times 36}{19\times 21}=+\frac{24}{7}$$

所以 $n_{Ⅲ}=\dfrac{n_{Ⅰ}}{i_{ⅠⅢ}}=\dfrac{7\times 1\ 000}{24}=292\ (\mathrm{r/min})$

轴Ⅲ与轴Ⅰ转向相同。

当齿轮 6 和 8 啮合时，汽车最低速倒车，则有：

$$i_{ⅠⅢ}=\frac{n_{Ⅰ}}{n_{Ⅲ}}=(-1)^3\frac{z_2 z_8 z_6}{z_1 z_7 z_8}=(-1)^3\frac{z_2 z_6}{z_1 z_7}=-\frac{38\times 36}{19\times 14}=-\frac{36}{7}$$

所以 $n_{Ⅲ}=\dfrac{n_{Ⅰ}}{i_{ⅠⅢ}}=-\dfrac{7\times 1\ 000}{36}=-194\ (\mathrm{r/min})$

轴Ⅲ与轴Ⅰ转向相反。

思考与练习答案

一、填空题

1. 一系列互相啮合的齿轮

2. 轴的几何位置均固定、至少有一个齿轮的轴的几何位置绕着另一个齿轮轴的几何位置旋转

3. 首末两轮转速

二、判断题

1. × 2. × 3. √

三、选择题

1. C　2. C

四、计算题

1. 解：根据轮系传动比为：

$$i_{12}=\frac{n_1}{n_2}=\frac{z_2}{z_1}=\frac{70}{24}$$

$$n_3=n_2=\frac{24\,n_1}{70}=\frac{24\times 1\,400}{70}=480(\mathrm{r/min})$$

2. 解：

$$i_{17}=(-1)^3\frac{z_2\,z_4\,z_6\,z_7}{z_1\,z_3\,z_5\,z_6}$$

$$=-\frac{28\times 60\times 20\times 28}{24\times 20\times 20\times 20}$$

$$=-\frac{49}{10}\text{（首、末轮转向相反）}$$

则轮7的转向如图3—9所示。

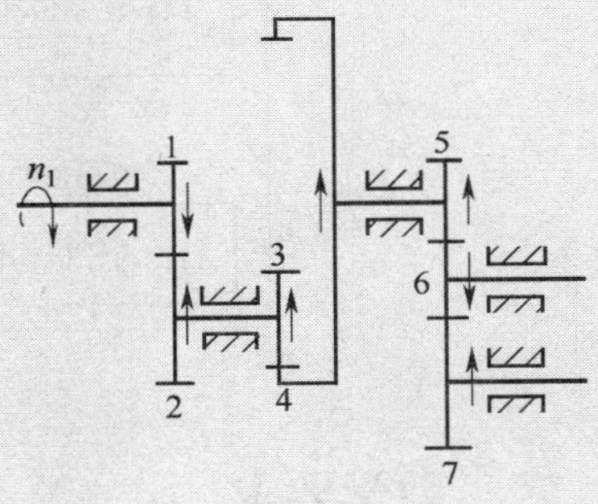

图3—9　计算题2

3. 解：齿轮1、2、3、4、蜗杆5和蜗轮6组成一定轴轮系，由于轮系中有空间齿轮机构（蜗杆传动），所以只用公式来计算该轮系的传动比的大小。

$$i_{16}=\frac{n_1}{n_6}=\frac{z_2\,z_4\,z_6}{z_1\,z_3\,z_5}=\frac{32\times 40\times 40}{16\times 20\times 4}=40$$

则蜗轮6的转速为：

$$n_6=\frac{n_1}{40}=\frac{800}{40}=20\ (\mathrm{r/min})$$

各轮转向如图3—10所示。

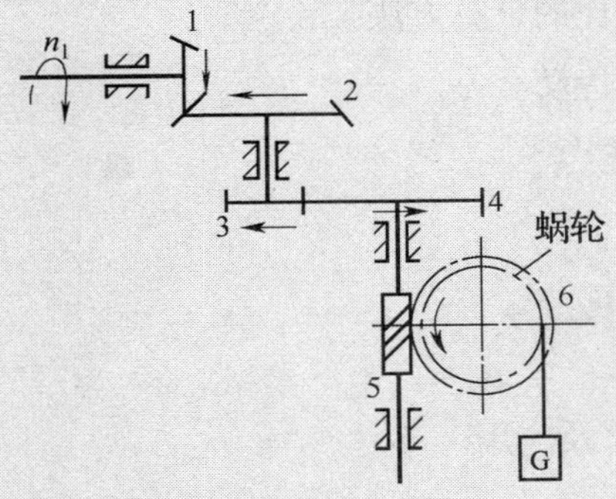

图3—10　计算题3

课题二 周转轮系

一、教材分析及教学流程

周转轮系是轮系中的一种重要的、复杂的传动系统，从形式上看较为复杂，实际在计算上还较为简单，只要掌握了定轴轮系传动比的计算公式，在此基础上就容易推导出周转轮系的传动比，结合汽车上自动变速器中行星齿轮机构这个典型例子来讲解较为合适，由此也可举一反三，根据周转轮系传动比公式来计算其他应用形式的周转轮系传动比。不过对周转轮系传动比不要做太复杂的计算要求。

本课题教学流程如图 3—11 所示。

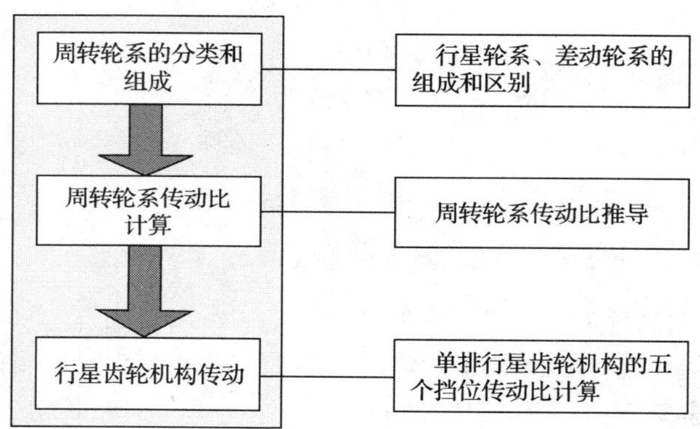

图 3—11 教学流程

二、教学要求

1. 熟悉周转轮系的分类和组成。
2. 掌握周转轮系传动比的计算方法。
3. 了解行星齿轮机构传动。

三、教学重点和难点

1. 重点

周转轮系传动比的计算方法。

2. 难点

周转轮系传动比的计算及应用。

四、教学建议

周转轮系中由于含有相对运动，所以不能直接采用定轴轮系传动比的方法来计算，这就要求教师进行引导，由难化简。所以重点是周转轮系传动比公式的推导。实践课利用实训车间的自动变速器介绍行星轮系的五个挡位及其传动比计算。

1．周转轮系的分类和组成

首先引出周转轮系的定义，讲清楚它的结构组成，利用图形讲解，同时要读懂图，周转轮系分为行星轮系（见图3—12）和差动轮系（见图3—13）两大类。

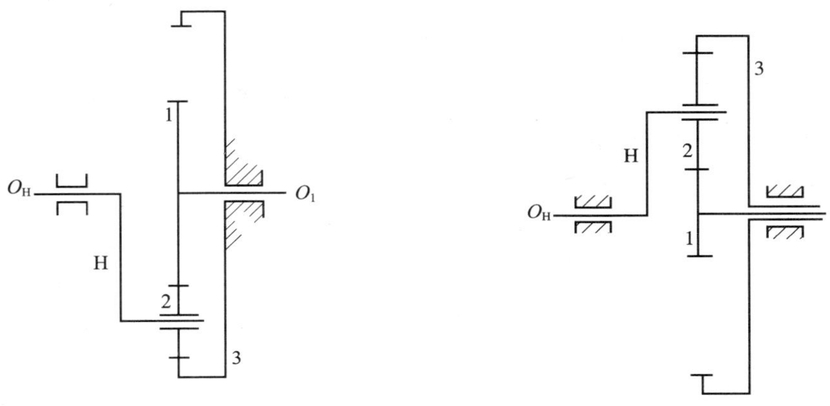

图3—12　周转轮系——行星轮系　　图3—13　周转轮系——差动轮系

行星轮系：太阳轮和齿圈中有一个转速为零（即固定不动）的周转轮系。

差动轮系：太阳轮和齿圈的转速都不为零的周转轮系。

这里主要讲行星轮系的组成：

汽车自动变速器用的行星齿轮机构通常由两排或多排行星齿轮机构连接在一起，用以满足汽车在各种工况下所需要的不同传动比和不同转矩的需要，但其基本组成及工作原理可用最简单的单排行星齿轮机构来说明。

单排行星齿轮机构由一个太阳轮、一个行星架、一个齿圈和几个行星齿轮组成。

2．传动比公式推导

教师在讲解时一定要结合周转轮系的传动系统图，例如教材图3—2—5所示的行星轮系，由于行星轮的运动有自转和公转，所以周转轮系传动比的计算方法不同于定轴轮系。假想行星架相对固定，使周转轮系转化为假想的定轴轮系，则有：

$$i_{13}^{H}=\frac{n_1^{H}}{n_3^{H}}=\frac{n_1-n_H}{n_3-n_H}=-\frac{z_3}{z_1}$$

式中　i_{13}^{H}—— 假想行星架相对固定时，齿轮1和齿轮3的传动比；

n_1^{H}—— 齿轮1相对于行星架的转速，即 $n_1^{H}=n_1-n_H$；

n_3^{H}—— 齿轮3相对于行星架的转速，即 $n_3^{H}=n_3-n_H$；

负号表示齿轮1与齿轮3转向相反。

注：计算时，先按定轴轮系用箭头标注齿轮1、2和3的转向，判断i_{13}^{H}的正负，再用公式进行计算，正负号不要搞错，否则会影响计算结果。

由于周转轮系的转化轮系是定轴轮系，因此可推出周转轮系的转化轮系传动比计算公式：

$$i_{1k}^{H}=\frac{n_1^{H}}{n_k^{H}}=\frac{n_1-n_H}{n_k-n_H}=(-1)^m\frac{z_2z_4z_6\cdots z_k}{z_1z_3z_5\cdots z_{k-1}}$$

式中 m ——齿轮1至k间外啮合齿轮对数。

上述这种运用相对运动的原理，将周转轮系转化成假想的定轴轮系，然后计算其传动比的方法，称为相对速度法或反转法。

3．行星齿轮机构传动

这部分内容主要针对推导出来的公式进行应用，是理论与实际结合，讲解时利用自动变速器单排行星齿轮机构的结构图，借助于实物，熟悉自动变速器中的五个挡位：减速挡、超速挡、直接挡、倒挡和空挡，然后分析单排行星齿轮机构的传动，进而为掌握自动变速器中其他组合形式的行星齿轮机构的传动打下基础。具体分析过程见教材，教材上对这部分内容分析得较为清楚。

讲解教材例题，安排学生按习题册题目进行练习。

应注意区分：

（1）i_{13}、i_{13}^{H}，前者是两轮真实的传动比，而后者是假想的转化轮系中两轮的传动比。

（2）i_{H3}、i_{3H}，这两种传动比互为倒数，不要混淆。

思考与练习答案

一、填空题

1. 行星、差动

2. 太阳轮、行星架、齿圈

3. 定轴、周转

二、计算题

解：当太阳轮被固定，齿圈3为主动件，行星架H为从动件时，有

$$i_{3H}=\frac{n_3}{n_H}=1+\frac{z_1}{z_3}=1+\frac{50}{200}=1.25$$

模块 四

平面连杆机构

课时分配表

教学内容	总学时	理论学时	实训学时
模块四　平面连杆机构	8	6	2
课题一　铰链四杆机构	5	4	1
一、铰链四杆机构		2	1
二、平面四杆机构的性质		2	
课题二　铰链四杆机构的演化	3	2	1
一、曲柄滑块机构		1	0.5
二、导杆机构		1	0.5

平面连杆机构是机械上的常用机构，在现代汽车上也得到了广泛应用，本模块内容主要介绍铰链四杆机构类型、应用特点、曲柄存在条件、基本性质及铰链四杆机构的演化和它们的应用实例。

课题一　铰链四杆机构

一、教材分析及教学流程

本课题铰链四杆机构是本模块学习的重点内容，主要包括铰链四杆机构的组成和基本类型、铰链四杆机构曲柄存在的条件、平面四杆机构的性质等内容。重点介绍铰链四杆机构的基本类型、曲柄存在条件及判断曲柄摇杆机构、双曲柄机构、双摇杆机构的组成条件。难点主要是对铰链四杆机构中曲柄存在条件的推导和铰链四杆机构的基本性质的分析。

本课题教学流程如图 4—1 所示。

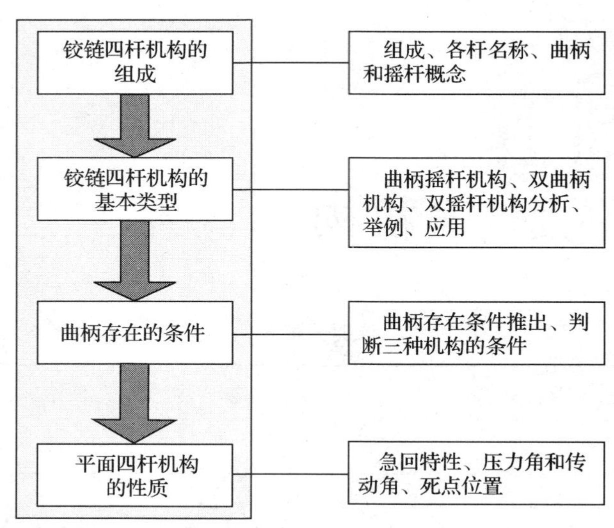

图 4—1　教学流程

二、教学要求

1．掌握铰链四杆机构的组成和基本类型。

2．掌握铰链四杆机构曲柄存在的条件。

3．熟悉平面四杆机构的性质。

三、教学重点和难点

1．重点

铰链四杆机构的组成和基本类型、曲柄存在的条件。

2．难点

曲柄存在的条件、平面四杆机构的性质。

四、教学建议

本课题讲解时的重点是铰链四杆机构的组成和基本类型、曲柄存在的条件以及三种机构（曲柄摇杆机构、双曲柄机构、双摇杆机构）的判断条件，熟悉平面四杆机构的基本性质。教学中多采用多媒体课件、动画，结合汽车上的实际应用，或到现场教学。

1．铰链四杆机构的组成

结合教材或课件中的图形，指出四根杆的名称，即机架、连架杆、连杆。铰链四杆机构结构上的最基本特征是四个构件均为杆状，且构件之间的连接是铰链连接。强调一下，三根杆铰链连接，相当于一根杆；五根以上杆铰链连接，一个机架，不能形成在平面里运动，且运动不确定，所以只有四杆机构才能形成在平面里运动。

如图 4—2 所示铰链四杆机构中四个构件的名称分别为：

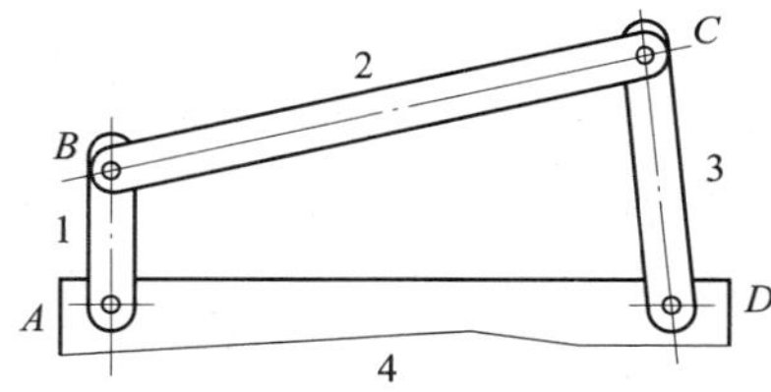

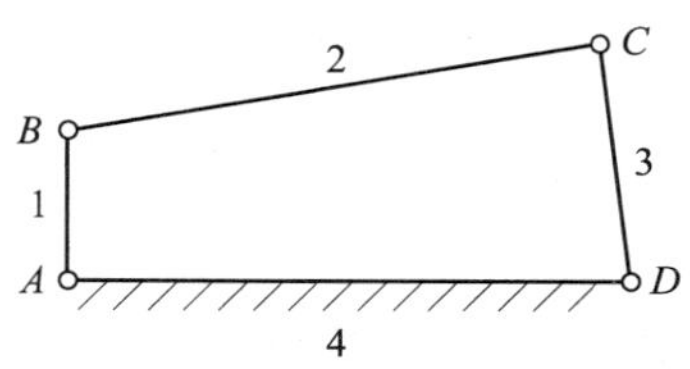

图 4—2　铰链四杆机构

机架——机构中固定不动的杆，图中杆 4。

连架杆——与机架直接连接的杆，图中杆 1 和杆 3。

连杆——机构中不与机架直接连接的杆，图中杆 2。

曲柄：能做整周回转运动的连架杆。

摇杆：仅能在一定角度范围内摆动的连架杆。

2．铰链四杆机构的基本类型

首先介绍铰链四杆机构的分类，教师要讲清楚这是根据两连架杆是曲柄还是摇杆来分类的。即：

铰链四杆机构 { 曲柄摇杆机构；双曲柄机构；双摇杆机构 }

（1）曲柄摇杆机构（见图 4—3）

用图形来介绍曲柄摇杆机构的结构特征，给出定义：在铰链四杆机构中，若两连架杆分别为曲柄和摇杆，则该机构为曲柄摇杆机构。分析其传动原理。

当曲柄 *AB* 为主动件并做等速转动时，通过连杆 *BC* 带动摇杆 *CD* 做往复摆动。运动无卡死现象，列举出实例：汽车上的雨刮器、搅拌机、破碎机等。

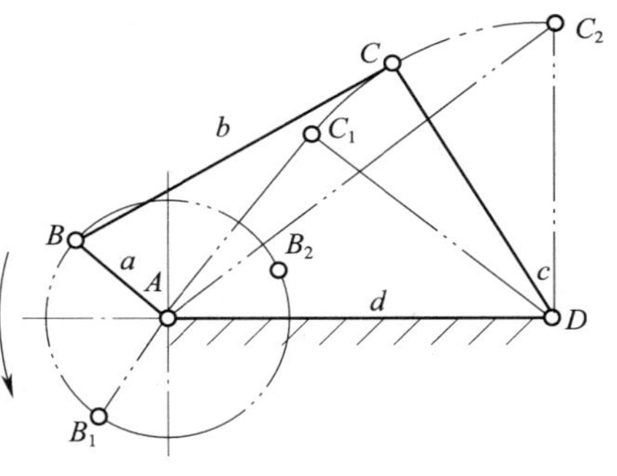

图 4—3　曲柄摇杆机构

当摇杆 *CD* 为主动件并作往复摆动时，通过连杆带动曲柄做旋转运动，会出现卡死现象。这在后面基本性质里要专门介绍。列举实例缝纫机的踏板机构。

（2）双曲柄机构

用图形来介绍双曲柄机构的结构特征，给出定义：在铰链四杆机构中，若两连架杆均为曲柄，则该机构为双曲柄机构。

它有一般结构和两个特殊结构，如图 4—4、图 4—5 所示，分析其传动原理。

在双曲柄机构中，若连杆与机架相等，且两曲柄的转向相同、长度也相等时，则称为平行双曲柄机构，如图 4—5a 所示；若两曲柄转向相反，则称为反向双曲柄机构，如图 4—5b 所示。应用举例参见教材图 4—1—2 车门的启闭机构。

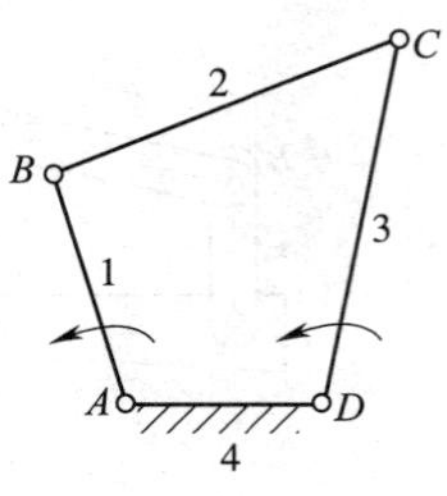

图 4—4　双曲柄机构的一般结构

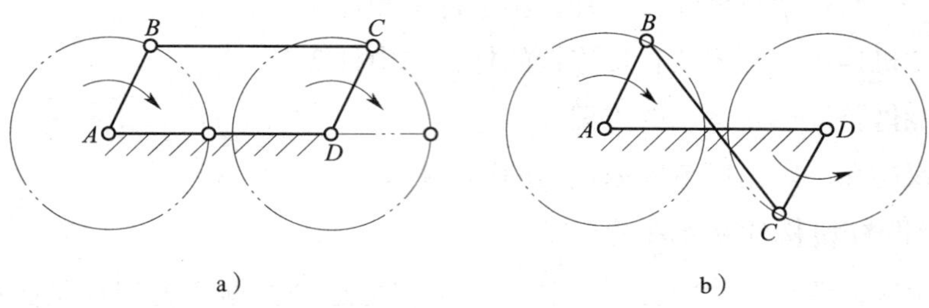

a）　　b）

图 4—5　双曲柄机构的特殊结构

a）平行双曲柄机构　b）反向双曲柄机构

（3）双摇杆机构

分析方法同上，两连架杆均为摇杆的机构称为双摇杆机构，应用举例：汽车前轮转向机构。

3. 曲柄存在的条件

在讲这部分内容时，要以曲柄摇杆机构为例，在铰链四杆机构中是否存在曲柄，取决于机构中各杆的长度关系，即要使连架杆能做整周的转动而成为曲柄，各杆必须满足一定的条件，这就是曲柄存在的条件。可采用课件中的图形，或在黑板上画出此图，如图 4—6 所示，分别设 $\overline{AB}=a$，$\overline{BC}=b$，$\overline{CD}=c$，$\overline{AD}=a$；在两个极限位置所形成的两三角形中，利用三角形两边之和大于第三边，得出：$a+b\leqslant c+d$，$a+c\leqslant b+d$，$a+d\leqslant c+b$，三个式子两两相加得：$a\leqslant d$，$a\leqslant b$，$a\leqslant c$。

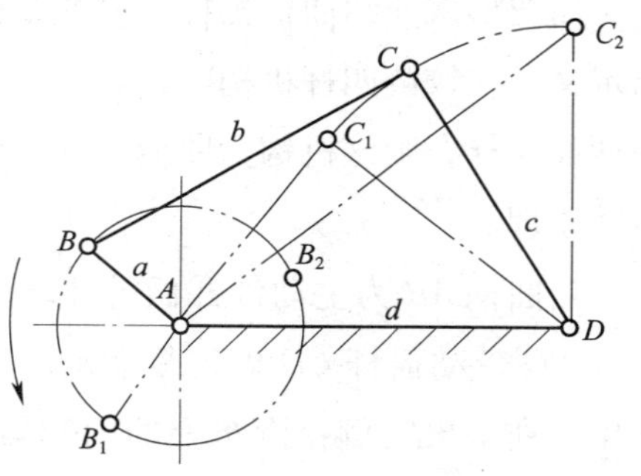

图 4—6　曲柄摇杆机构

由此推导出曲柄存在条件为：

（1）连架杆与机架中必须有一个是最短杆。

（2）最短杆与最长杆长度之和必小于或等于其余两杆的长度之和。

根据曲柄存在的条件，还可以做出如下推论：

（1）以最短杆相邻的杆作为机架时，该机构为曲柄摇杆机构。

（2）以最短杆作为机架时，该机构为双曲柄机构。

（3）以最短杆相对的杆作为机架时，该机构为双摇杆机构。

如果铰链四杆机构中最短杆与最长杆的长度之和大于其余两杆的长度之和，则无论以哪一杆件为机架，均为双摇杆机构。

学生互动：判断图 4—7 所示的四杆机构分别属于哪种机构？

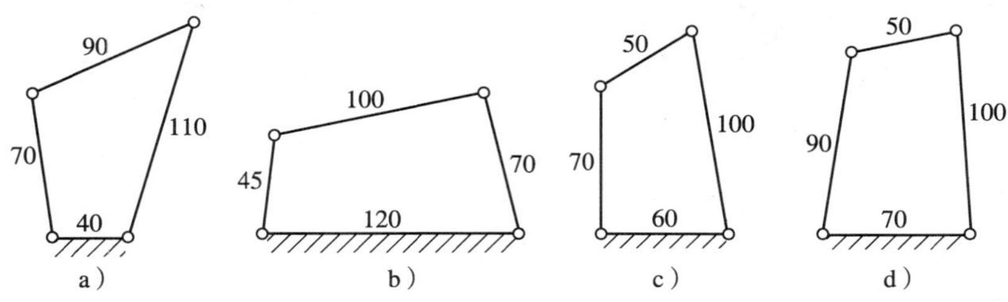

图 4—7　四杆机构

答：图 4—7a 为双曲柄机构，图 4—7b 为曲柄摇杆机构，图 4—7c 为双摇杆机构，图 4—7d 为双摇杆机构。

4．平面四杆机构的性质

这部分内容主要是让学生熟悉铰链四杆机构的急回运动特性，在讲此性质时教师要引导学生会看图（见图 4—8），会分析，然后得出结论。

为了表明摇杆的急回运动特性的程度，通常用行程速比系数 K 表示，K 值越大，回程越快。即：

$$K = \frac{v_2}{v_1} = \frac{\omega_2}{\omega_1} = \frac{\widehat{C_2C_1}/t_2}{\widehat{C_1C_2}/t_1} = \frac{t_1}{t_2} = \frac{\varphi_1}{\varphi_2} = \frac{180° + \theta}{180° - \theta}$$

$$\theta = \frac{K-1}{K+1} \times 180°$$

θ 越大，K 越大，急回越明显。当 $\theta=0$ 时，$K=1$，说明机构无急回运动特性。

在各种机器中，应用四杆机构的急回运动特性，可以节省空回行程的时间，以提高生产效率。

如果要得到既定的行程速比系数，只要设计出相应的极位夹角 θ 即可。

5．压力角和传动角

主要了解压力角和传动角的作法、定义，教师和学生可一起完成作图，理解压力角越大，传动角就越小，对工作就越不利（见图 4—9）。为保证机构传动良好，设计时通常要使 $\gamma_{min} \geqslant 40°$，传动力矩较大时，则要使 $\gamma_{min} \geqslant 50°$。

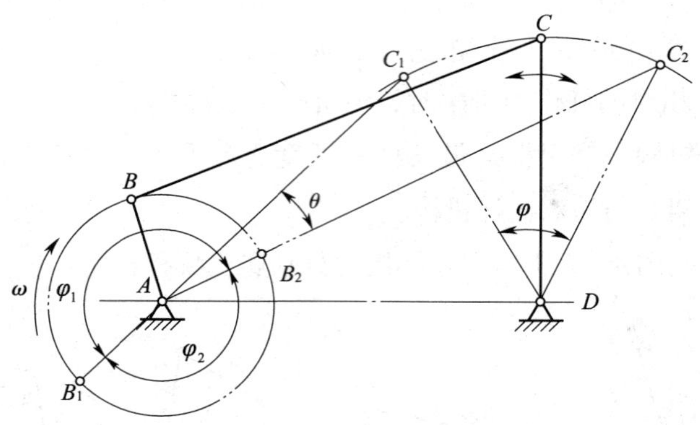

图 4—8　急回运动特性

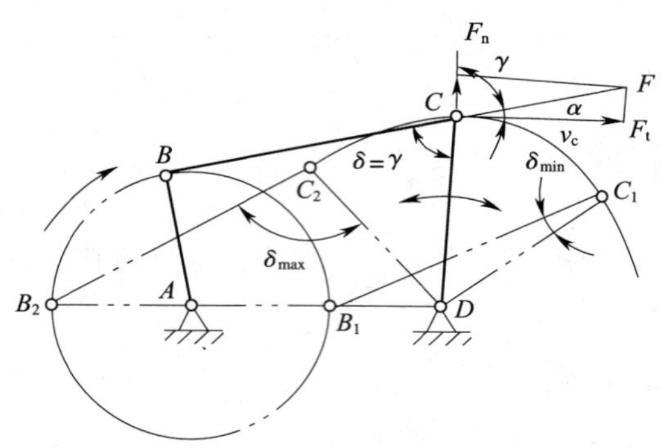

图 4—9　压力角和传动角

6. 死点位置

主要强调在曲柄摇杆机构中，若摇杆为主动件，则当摇杆处于两个极限位置时，连杆与曲柄共线，此时会出现卡死现象，这两个极限位置就是死点位置，如图 4—10a 所示。

如图 4—10b 所示的偏置曲柄滑块机构，当滑块为主动件并处于极限位置时，机构的这种状态位置称为死点位置。

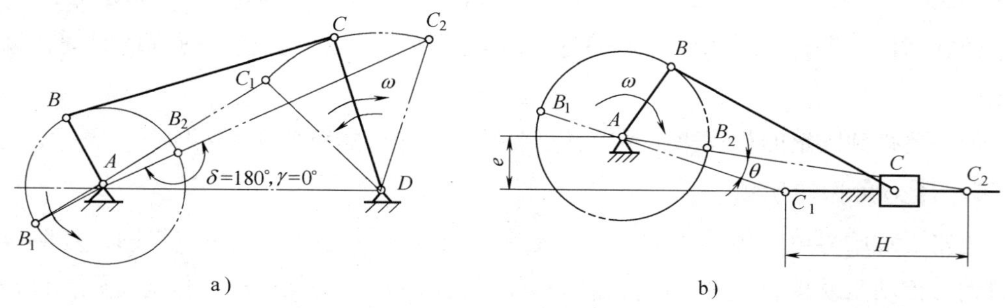

图 4—10　四杆机构的死点位置

告诉学生死点位置的出现一方面对工作不利，另一方面可用来夹紧工件。

了解克服死点的方法：用惯性轮或加飞轮。

思考与练习答案

一、填空题

1. 回转运动、连架杆、摆动、连架杆

2. 曲柄摇杆机构、双曲柄机构、双摇杆机构

二、简答题

1. 答：（1）连架杆与机架中必须有一个是最短杆。

（2）最短杆与最长杆长度之和必小于或等于其余两杆的长度之和。

2. 答：空回行程的平均速度大于工作行程的平均速度。

$$K=\frac{v_2}{v_1}=\frac{\omega_2}{\omega_1}=\frac{\overset{\frown}{C_2C_1}/t_2}{\overset{\frown}{C_1C_2}/t_1}=\frac{t_1}{t_2}=\frac{\varphi_1}{\varphi_2}=\frac{180°+\theta}{180°-\theta}$$

θ 越大，K 越大，急回越明显。当 $\theta=0$ 时，$K=1$，说明机构无急回运动特性。

3. 答：在曲柄摇杆机构中，若摇杆为主动件，则当摇杆处于两个极限位置时，连杆与曲柄共线，此时会出现卡死现象，这两个极限位置就是死点位置。

三、计算题

解：因为 $130+200>150+175$，所以该机构为双摇杆机构。

课题二　铰链四杆机构的演化

一、教材分析及教学流程

在实际生产中，平面连杆机构的形式是多种多样的，对铰链四杆机构尺寸关系作某种特殊变化或者取不同杆件为机架时，可演化为其他形式。本课题主要对曲柄摇杆机构进行演化，由此推出其他形式的演化形式。本课题教学流程如图4—11所示。

二、教学要求

1. 熟悉铰链四杆机构的演化形式。

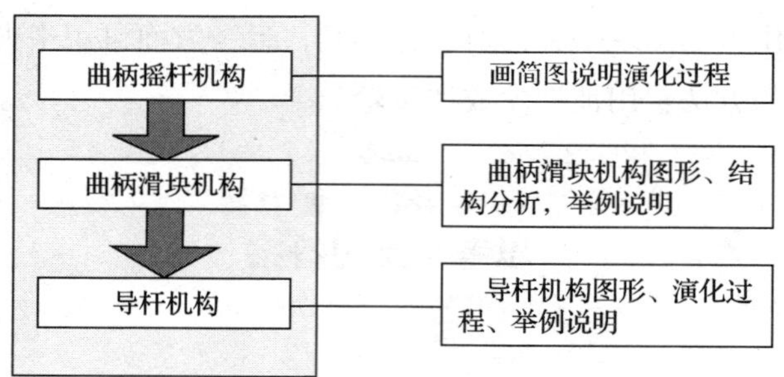

图 4—11　教学流程

2. 掌握曲柄滑块机构的特点、工作原理与应用。

3. 掌握导杆机构的类型、工作原理与应用。

三、教学重点和难点

1. 重点

曲柄滑块机构、导杆机构的特点、工作原理与应用。

2. 难点

曲柄滑块机构、导杆机构的特点、工作原理 。

四、教学建议

在讲课时结合多媒体图形，再结合汽车发动机上的曲轴连杆活塞机构，显示演示过程，如图 4—12 所示曲柄滑块机构的形成，用图解法讲解较为合适。

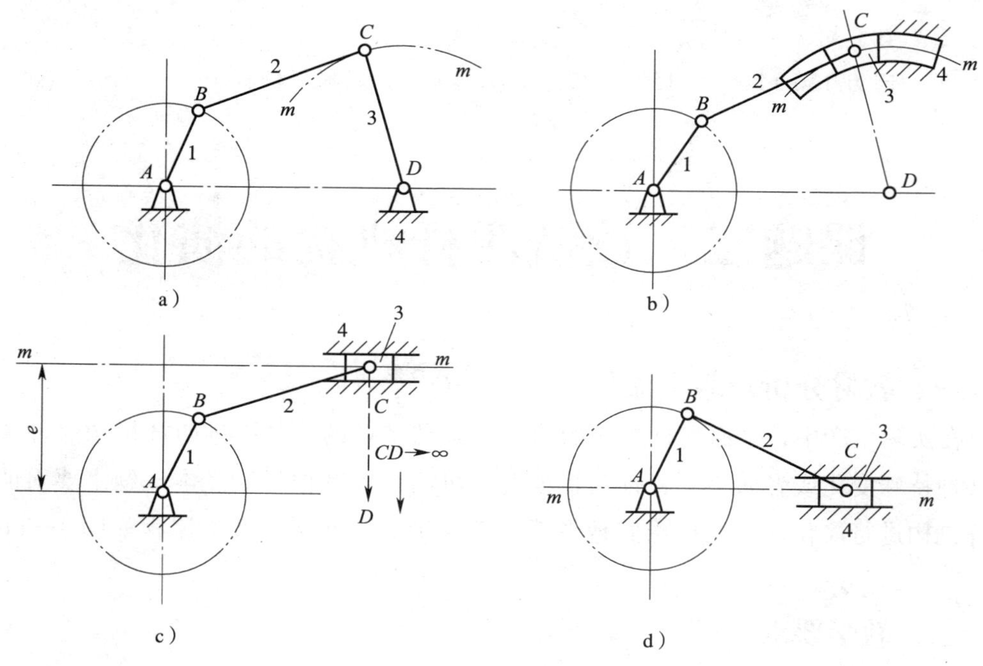

图 4—12　曲柄滑块机构的形成

导杆机构的演化建议结合图 4—13 讲解，较为清楚明了。

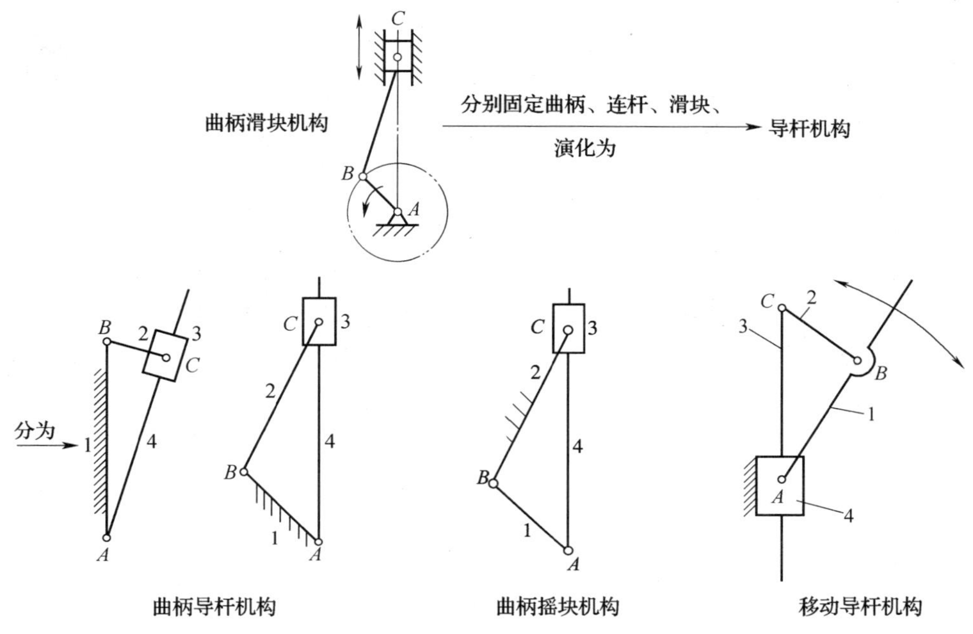

图 4—13　导杆机构的演化

在讲解过程中可列举书中的应用实例说明，在此基础上拓展铰链四杆机构的其他几种演化形式（见教材表 4—2—1）。

思考与练习答案

一、选择题

1. C　2. B　3. B　4. C、C

二、综合题

1. 因为　$\overline{AD}+\overline{AB}<\overline{BC}+\overline{CD}$

答：$200+450<400+300$

所以　1）AB 或 CD。

2）双摇杆。

3）双曲柄。

2. 答：图 4—2—9a 为双曲柄机构，图 4—2—9b 为曲柄摇杆机构，图 4—2—9c 为双摇杆机构，图 4—2—9d 为双摇杆机构。

3. 机构简图：

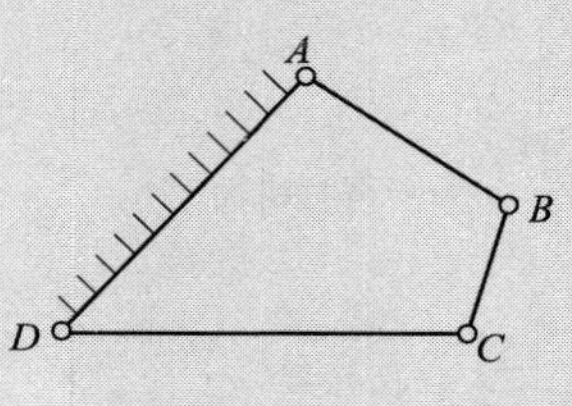

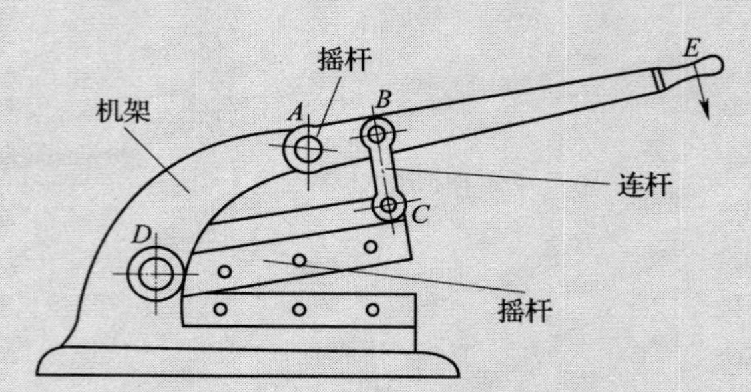

剪板机工作原理：通过手柄 *AB*（摇杆）的摆动，带动连杆 *BC*，连杆 *BC* 又带动摇杆 *CD* 摆动，当 *CD* 向下摆时剪切，向上摆时不剪切。

模块五 凸轮机构

课时分配表

教学内容	总学时	理论学时	实训学时
模块五 凸轮机构	6	4	2
课题一 凸轮机构的应用和类型	3	2	1
一、凸轮机构的工作过程 二、凸轮机构的组成、特点与应用		1	
三、凸轮机构的类型 四、凸轮的材料		1	1
课题二 凸轮机构从动件的运动规律	3	2	1
一、凸轮轮廓曲线的基本参数		1	
二、从动件常用运动规律		1	1

凸轮机构也是常用机构中的一种，它是高副机构，汽车发动机上的配气机构就是采用了凸轮机构，所以必须对凸轮机构的结构组成、基本类型、应用特点、从动杆运动规律进行学习和研究，重点掌握凸轮机构的组成、基本类型、应用特点，从而为学习专业课和实际应用奠定基础。

课题一 凸轮机构的应用和类型

一、教材分析及教学流程

凸轮机构的应用和类型是凸轮机构部分内容的基础，它主要包括凸轮机构的工作过程，凸轮机构的组成、特点与应用，凸轮机构的类型和凸轮的材料等内容。教学中重点学习凸轮机构的组成、特点与应用，凸轮机构的分类，同时结合多媒体课件，结合应用实例（如内燃机配气机构）帮助理解和掌握。

本课题教学流程如图 5—1 所示。

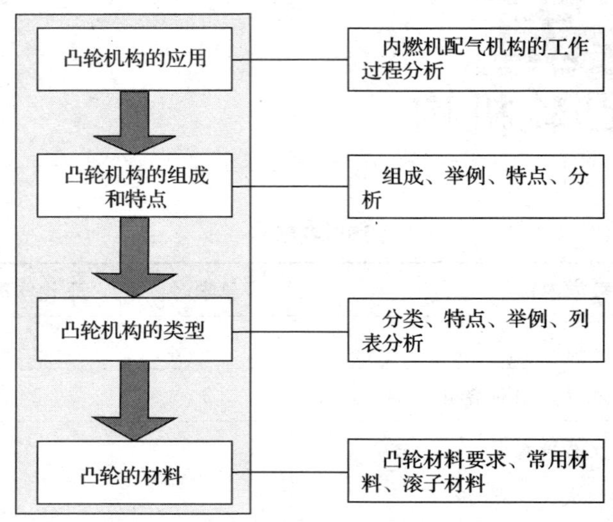

图 5—1 教学流程

二、教学要求

1. 掌握凸轮机构的组成、类型、应用和特点。
2. 熟悉凸轮机构的工作过程。
3. 了解凸轮的材料。

三、教学重点和难点

1. 重点

凸轮机构的组成、基本类型、应用和特点。

2. 难点

凸轮机构的工作过程。

四、教学建议

本课题重点学习凸轮机构的组成、基本类型、应用和特点。教学中多采用多媒体课件，列举汽车上的应用实例。

1. 凸轮机构的工作过程

由汽车发动机的配气机构引出凸轮机构，通过教材表 5—1—1 内燃机配气机构的工作过程分析，借助于多媒体图形进行讲解，凸轮轴上的凸轮等速转动一周时，气门杆移动，气门要完成打开、停留、关闭、再停留动作，即完成凸轮机构的四个动作过程：推程、远停程、回程、近停程。

2．凸轮机构的组成、特点与应用

通过前面凸轮机构的工作过程分析，归纳出凸轮机构是由凸轮、从动杆、机架三个部分组成的，特点通过列表的方式进行总结比较清楚明了，教师要引导和解释给学生，使学生对凸轮机构的特点、应用有更加进一步的认识。

3．凸轮机构的类型

这部分内容用图表表示较为清楚，在讲解时结合多媒体课件、实物。

4．凸轮的材料

此部分内容只做一般性介绍。

思考与练习答案

一、填空题

1．高

2．凸轮、从动杆、机架、主动、等速

3．尖顶式、滚子式、平底式

二、选择题

1．A　2．B

三、简答题

1．答：凸轮机构的类型包含：按凸轮的形状分为盘形凸轮、柱体凸轮、移动凸轮类；按从动件末端形状分为尖顶从动件、滚子从动件、平底从动件类；按锁合方式分为力锁合、形锁合类。

2．答：通常凸轮用 45 钢或 40Cr 钢制造，表面淬火硬度至 52～58HRC；要求更高时，可用 15 钢、20Cr 钢、20CrMnTi 钢渗碳并淬火至 56～62HRC，渗碳层深度一般为 0.8～1.5 mm；或采用可进行氮化处理的钢材，经氮化处理后，使表面硬度达到 60～67HRC，以增强凸轮表面的耐磨性。

课题二　凸轮机构从动件的运动规律

一、教材分析及教学流程

从动件的运动规律这部分内容在整个模块内容中作为一般性的了解，它的内容在

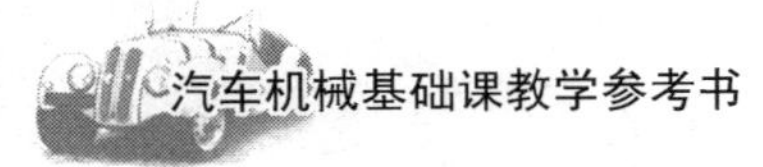

难度方面较前一个课题深些。本课题主要介绍凸轮机构的基本参数、从动杆的运动规律及其工作特点。

教学流程如图 5—2 所示。

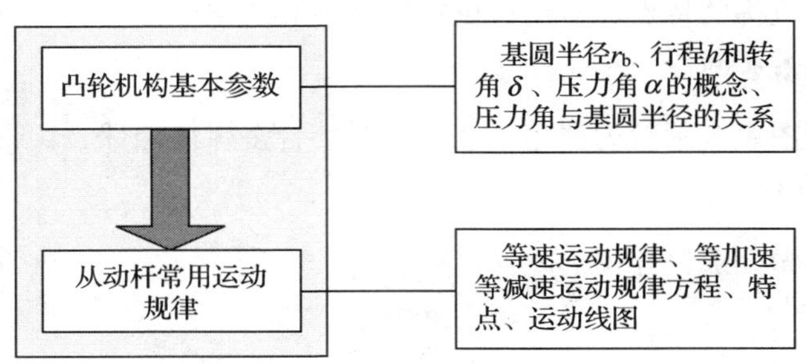

图 5—2　教学流程

二、教学要求

1. 了解凸轮机构的相关参数。
2. 了解等速运动规律和等加速等减速运动规律。
3. 能绘制等速运动规律和等加速等减速运动规律的位移曲线。

三、教学重点和难点

1. 重点

等速运动规律和等加速等减速运动规律、运动线图及工作特点。

2. 难点

等加速等减速运动规律、运动线图及工作特点。

四、教学建议

这部分内容理论性较强，要借助于课件分析，要用到数学、物理知识，所以教师还要和学生们复习以前所学知识，使以前所学知识在实际工作中得到运用，同时培养学生们分析问题和解决问题的能力。这部分的重点是分析从动件的运动规律，结合汽车发动机上的配气机构，气门打开、关闭需花多少时间，间隔多少时间，这些都是由运动规律决定的。

1. 凸轮机构的基本参数

(1) 基圆半径 r_b

在图上做出凸轮的基圆，得出：

凸轮轮廓上的最小半径 r_b 称为基圆半径，以凸轮的最小半径 r_b 所做的圆称为凸轮的基圆。

（2）行程 h 和转角 δ

讲这两个参数时要借助图形分析，教师可在黑板上画图或用多媒体课件展示图形，先讲位移 s，然后得出从动杆的最大位移就是行程的概念，并在图上标出。

转角 δ：凸轮转过的角度 δ 称为转角，要讲清楚凸轮转过一周，凸轮转过的角度有 δ_0 推程运动角、δ_1 远停程角、δ_2 回程运动角、δ_3 近停程角。

分析凸轮转过这四个角度时的从动件位移情况。

（3）压力角 α

1）压力角的概念。回忆前面齿轮上的压力角、四杆机构中的压力角，由此得出凸轮上的压力角定义，即作用力 F_n 与从动杆速度 v 所夹的锐角 α 称为凸轮机构在图 5—3所示位置的压力角。显然，压力角 α 越大，推动从动杆运动的有效分力 $F_y = F_n\cos\alpha$ 越小，分力 $F_x = F_n\sin\alpha$ 越大，由此引起导轨中的摩擦阻力越大。为了保证凸轮机构正常工作，并具有较高的传动效率，必须限制凸轮的最大压力角不得超过许用值［α］。对于移动从动杆凸轮机构，升程中，［α］≤30°；回程中，［α］≤70°～80°。

2）凸轮机构的压力角与凸轮基圆半径的关系。此内容做一般性的介绍。如图 5—4 所示，由 $r_{bmin} = \dfrac{v_2}{\omega\tan\alpha} - S$，其他条件相同时，若 r_b 取得较大，则压力角较小，受力情况良好，但机构的尺寸较大；反之，基圆半径 r_b 取得越小，结构越紧凑，但压力角越大，机构的传力性能将越差。基圆半径 r_b 取得越小，压力角越大。

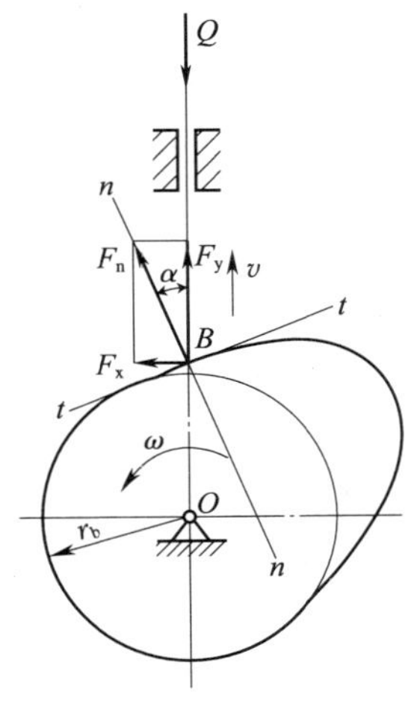

图 5—3　凸轮机构的压力角

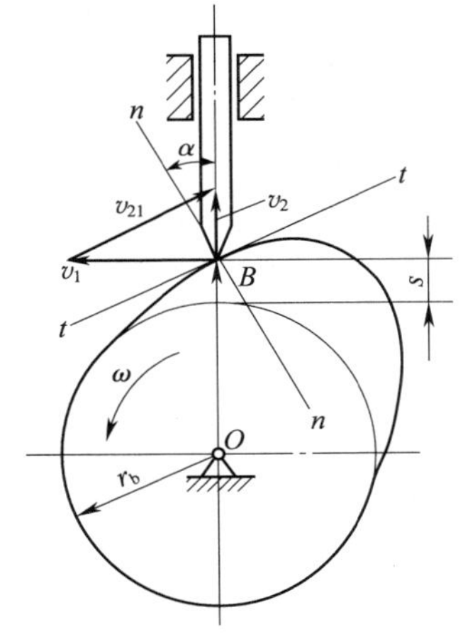

图 5—4　压力角与基圆半径的关系

（4）知识链接

滚子半径的选择作为知识拓展性内容，教师引导学生学会自己学习，或根据学生

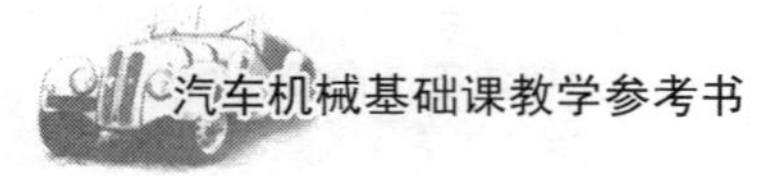

情况需要，教师补充学习，在学习时要领会凸轮实际廓线曲率半径ρ'、理论轮廓线曲率半径ρ、滚子半径r_T三者的关系，当：

$\rho > r_T$，实际轮廓线可以画出来，如图5—5a所示；

$\rho = r_T$，此处实际轮廓线变尖，凸轮容易磨损，如图5—5b所示；

$\rho < r_T$，如图5—5c所示，图中阴影部分表示此处实际廓线相交，在加工时将被切去，使从动杆不能与这部分轮廓线接触，因而从动杆将不能实现预期的运动规律，这种现象称为运动失真。

为了避免凸轮工作轮廓线变尖或运动失真，一般要求$r_T < 0.8\rho_{min}$，凸轮工作轮廓线的最小曲率半径一般不小于3～5 mm。

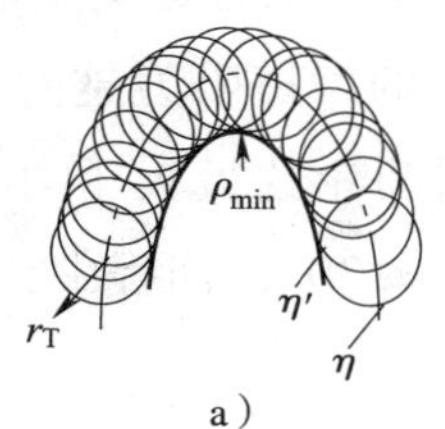

a）

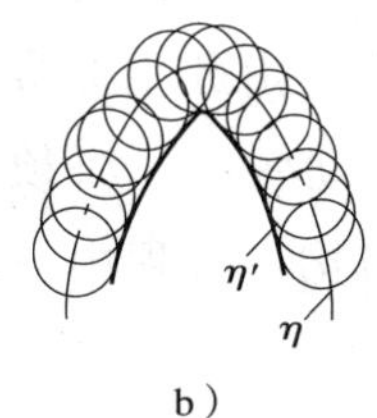

b）

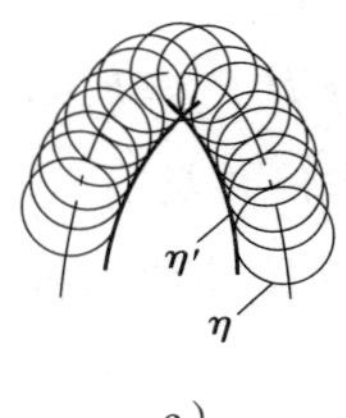

c）

图5—5　滚子半径的选择

2．从动件常用运动规律

首先强调，凸轮以等角速度ω转动时，从动件的位移s、速度v和加速度a的变化规律都是由凸轮轮廓决定的。

从动件常用的运动规律有等速运动规律和等加速等减速运动规律。

（1）等速运动规律

等速运动规律是从动件上升或下降的速度为一常数的运动规律。

由$s = vt$，$\delta = \omega t$，得$s = \frac{v}{\omega}\delta$，一次方程，位移曲线为直线，由教材表5—2—1分析，了解工作特点。

（2）等加速等减速运动规律

等加速等减速运动规律是将从动件运动的整个行程h分为两段，前半段做等加速运动，后半段做等减速运动，通常等加速段和等减速段时间相等，加速度的绝对值也相等。

由$s = \frac{1}{2}at^2$，$\delta = \omega t$，得$s = \frac{a}{2\omega^2}\delta^2$二次方程，位移曲线为抛物线，由教材表5—2—1分析，了解工作特点。

思考与练习答案

一、填空题

1. 最小

2. 最大位移

3. 刚性冲击、冲击振动、中速、不大

二、选择题

1. A　2. C　3. A　4. B

模块六

理论力学基础

课时分配表

教学内容	总学时	理论学时	实训学时
模块六　理论力学基础	12	12	
课题一　静力学基础	4	4	
一、静力学基本概念		2	
二、受力图的画法 三、画受力图的注意事项		2	
课题二　平面汇交力系及平衡	4	4	
一、平面汇交力系 二、三力平衡汇交定理		1	
三、几何法		1	
四、解析法		1	
五、用解析法求解汽车制动操纵装置的未知力		1	
课题三　力矩与力偶	2	2	
一、力矩 二、力矩的平衡条件 三、力偶		1	
四、力的平移定理 五、力偶等效性证明 六、力矩与力偶的比较		1	
课题四　平面任意力系及平衡	2	2	
一、平面任意力系		1	
二、平面任意力系的平衡条件		1	

本模块通过复习和讲解理论力学的基本概念、公理和定理，并通过一些典型例题的练习和分析讲解，使学生掌握一定的分析和解决刚体受力问题的能力。结合本模块的特点，使学生在建模能力、分析能力、自学能力上得到培养。教师应多举一些汽车

中的例子，帮助学生掌握用平衡方程及几何法求解平面汇交力系的未知力的方法。力矩与力偶、平面任意力系的平衡方程求解未知力可作一般性的了解。

课题一　静力学基础

一、教材分析及教学流程

静力学基础这部分内容是以几条公理为基础推理出来的。这些公理是人们在长期的生产实践中积累起来的关于力的知识的总结，它反映了作用在刚体上的力的最简单最基本的属性，教师在讲解本节内容之前首先要对静力学知识有一个整体的把握。教学中应注意讲清原理、方法、步骤，通过典型例题帮助学生正确地对物体进行受力分析，做出受力图。

本课题教学流程如图 6—1 所示。

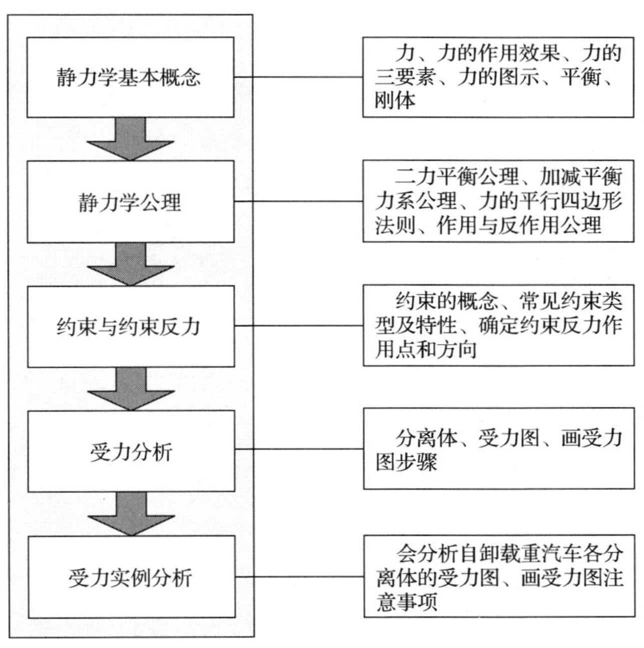

图 6—1　教学流程

二、教学要求

1. 理解力、平衡、刚体和约束等静力学基本概念。
2. 理解静力学各公理的内涵及其应用。

3．掌握常见约束的结构、性质及相应约束反力的特征。

4．能够正确分析物体的受力情况，画出单个物体和物体系统的受力图。

三、教学重点和难点

1．重点

静力学概念和公理。

2．难点

物体受力分析方法和画受力分析图。

四、教学建议

本课题内容是学习理论力学的基础和前提，重点是静力学概念和公理。学生在学习中感觉比较困难的是物体的受力分析和画受力分析图。在教学中应科学地采用多种教学媒体，有效运用现代化教学手段。

1．力的概念

力的概念是静力学的基本概念之一。经验证明，力对已知物体的作用效果取决于力的大小（即力的强度）、力的方向、力的作用点。通常称它们为力的三要素。力的三要素可以用一个有向的线段即矢量表示。

力作用于物体的效应分为外效应和内效应。外效应是指力使整个物体相对外界参照系的运动状态发生变化；内效应是指力使物体内各部分相互之间发生变化（变形），对刚体则不必考虑内效应。静力学只研究最简单的运动状态即平衡。如果两个力系分别作用于刚体时所产生的外效应相同，则称这两个力系是等效力系。若一力同另一力系等效，则这个力称为这一力系的合力。

2．静力学公理

教学中应注意：静力学公理的正确性是可以通过实验来验证的，但不能用更基本的原理来证明。

公理一：力的平行四边形法则。平行四边形法则是力的合成法则，也是力的分解法则。作用在物体上同一点的两个力，可合成一个合力，合力的作用点仍在该点，其大小和方向由以此两力为边构成的平行四边形的对角线确定，即合力等于分力的矢量和。合力的大小和方向也可通过力的三角形法则得到，即自任一点 O 顺次以分力为两边做力的三角形，第三边即所求。此公理给出了力系简化的基本方法。

公理二：二力平衡公理。作用在物体上的两个力，使物体平衡的必要和充分条件是两个力的大小相等，方向相反，作用线沿同一直线。此公理揭示了最简单的力系平衡条件。只在两力作用下平衡的刚体称为二力体或二力构件。当构件为直杆时称为二力杆。

公理三：加减平衡力系公理。在已知力系上加上或减去任意平衡力系，并不改变原力系对刚体的作用。此公理是研究力系等效的重要依据。由此公理可导出下列推理：

推理1：力的可传性。作用在刚体上某点的力，可沿其作用线移动，而不改变它对刚体的作用。由此可知，力对刚体的作用取决于力的大小、方向和作用线。因此，力是有固定作用线的滑动矢量。

推理2：三力平衡汇交定理。当刚体受到同平面内不平行的三力作用而平衡时，三力的作用线必汇交于一点。

公理四：牛顿第三定律。两物体间的相互作用力大小相等、方向相反、作用线沿同一直线。此公理概括了物体间相互作用的关系，表明作用力与反作用力成对出现，并分别作用在不同的物体上。作用力与反作用力性质相同，同时产生，同时消失。

公理五：刚化公理。变形体在某一力系作用下处于平衡时，如将其刚化为刚体，其平衡状态保持不变。此公理提供了将变形体看作刚体的条件。将平衡的绳索刚化为刚性杆，其平衡状态不变。

3．应注意加强实践性教学环节

习题课、讨论课及其他实践性教学环节在学时上应有适当比例。要保证课外习题和作业的数量与难度。教学中应注意讲清原理、方法、步骤，通过典型例题来帮助学生正确地对物体进行受力分析，做出受力图。教师应重点培养学生利用静力学公理进行受力分析的能力。教师应举一些汽车中的例子帮助学生掌握受力分析的方法。结合本模块的特点，使学生在分析、自学等能力上得到培养。

思考与练习答案

一、填空题

1. 物体间相互的机械作用、作用点、方向、大小

2. 未知、被动、接触点沿线上、接触面公法线共线而指向受力物体

二、名词解释

1. 限制物体某些运动的条件称为约束。

2. 当物体在力系的作用下，保持静止状态或做匀速直线运动称物体处于平衡状态。

三、问答题

1. 答：(1) 限制物体某些运动的条件称为约束。

(2) 常见的约束有光滑面约束、铰链约束、柔体约束、固定端约束。

（3）确定约束反力的原则：光滑面约束其约束反力通过接触点，方向总是沿接触面公法线而指向受力物体。

固定铰链约束其约束反力必沿着接触面的公法线且通过销子中心；活动铰链约束其支座的约束反力必通过铰链中心，并垂直于支承面；柔体约束其约束反力作用于连接点，方向沿着柔索而背离物体；固定端约束反力根据实际情况具体分析。

2. 答：（1）不要漏画力。

（2）不要多画力。

（3）不要错画力的方向。

（4）不要画物体的内力。

课题二　平面汇交力系及平衡

一、教材分析及教学流程

平面汇交力系的合成与平衡问题是平面汇交力系的主要内容，力系合成与力系平衡是静力学研究的两类主要问题，要注意它们的区别与联系。解决方法有几何法（图解法）和解析法两种，几何法的解法比较简单直观，但是在作图过程中要求非常仔细精确，否则会造成误差过大，平时解题时不便采用，因此用解析法解决平面汇交力系的合成与平衡问题成为本课题的重点。解析法是以力在坐标轴上的投影作为基础来进行计算的，而对于平面汇交力系的合成与平衡，则侧重于求解合力大小和方向以及指导学生如何正确列出平衡方程，求解未知量。

本课题教学流程如图6—2所示。

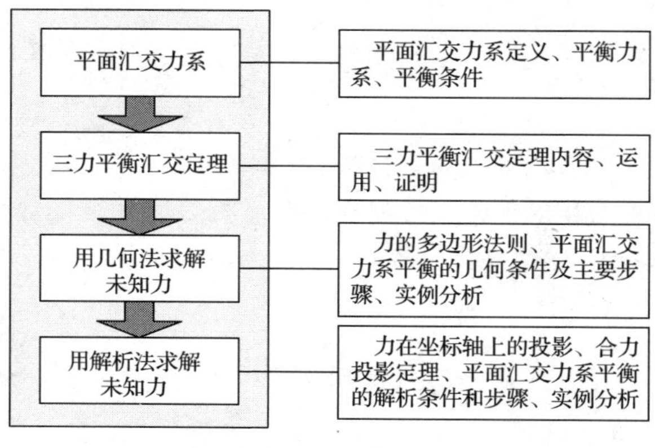

图6—2　教学流程

二、教学要求

1. 理解力的可传性原理和合力投影定理。
2. 理解力的合成多边形法则。
3. 熟悉任意力向坐标轴分解的方法并能正确列出平面汇交力系的平衡方程。
4. 掌握用几何法求解平面汇交力系未知力的方法。
5. 掌握用解析法求解平面汇交力系未知力的方法。

三、教学重点和难点

1. 重点

用平衡方程解平面汇交力系平衡问题的方法和步骤。

2. 难点

通过例题和习题来掌握平衡方程解平面汇交力系平衡问题。

四、教学建议

教学目标及确立依据：根据教学内容和特点，以及学生现有知识水平和理解能力，依据高职类要求，确定教学目标如下：

知识目标：通过力的合成计算公式、物体受力分析建立平衡方程，求解平面汇交力系的合力及有关未知量。

能力目标：培养学生分析、解决简单的实际问题的能力。

思想目标：通过教学，激发学生的学习热情，培养学生勤于思考的良好习惯，提高学习质量。

本课题的教学先从力的可传性原理和合力投影定理、力的合成多边形法则入手，要求学生掌握用平衡方程和几何法求解平面汇交力系未知力的方法，重点是要掌握任意力向坐标轴分解的方法，并能正确列出平面汇交力系的平衡方程。

教师应重点培养学生受力分析的能力。教师应举一些汽车中的例子帮助学生掌握用平衡方程及几何法求解平面汇交力系未知力的方法。由于几何法的教学相对简单，所以下面主要以用解析法求解平面汇交力系平衡讲一些教学建议。

1. 强化课前预习

根据教材内容具有一定难度、涉及的知识面比较广等特点，要求学生在课前预习教材，初步理解教材的基本内容，并将新旧知识联系起来，找出新内容的重点和疑问，带着疑问听教师授课，这是自觉掌握知识的第一步。

2. 导入新课

引导学生回忆上节课讲授的内容。

3．讲授新课

除了几何法之外，一般情况下采取计算的方法——解析法来解决平面汇交力系的合成与平衡问题。解析法是以力在坐标轴上的投影作为基础来进行计算的，注意运用形象比喻法。在讲解力在坐标轴上的投影时，采用形象比喻法：假设一束阳光通过一个力垂直照射到坐标轴上，这个力便在相应坐标轴上投下一道阴影，这就是力在坐标轴上的投影。通过形象比喻法进行教学，不仅启发了学生的形象思维、提高了学习兴趣和学习热情，而且对知识的掌握帮助也很大。运用导学法精心设疑。引导学生自行回忆三角函数关系和勾股定理，并及时切入力在坐标轴上的投影概念，反复强调力的投影的关键是力的两端分别向相应的坐标轴作垂线，使教学具有一定的侧重性、启发性。通过讲解例题来强化学生对投影计算公式的记忆，并要求学生做练习来巩固知识。

利用勾股定理公式和合力投影定理讲解平面汇交力系合成的解析法，通过例题讲解如何利用解析法来求解合力，在授课过程中反复强调力是矢量，计算结果必须包括力的大小和力的方向 $\tan\alpha = |F_y/F_x|$。

而解析法由于建立直角坐标轴的方式不同，又可以采取两种解题方法，说明：坐标轴应尽量取在与未知力作用线垂直的方向上，这样在一个平衡方程中只有一个未知量，不必解联立方程，比较简便。此时教师演示这两种不同方式的解题挂图，以及建立适当的直角坐标轴可以简化计算的技巧，以加深学生的理解，并要求学生采取简便的方法来做题。

分析平面汇交力系平衡的解析条件，推导出平面汇交力系的平衡方程 $\sum F_x = 0$，$\sum F_y = 0$，通过例题用分析比较的方法讲解利用平衡方程来解决简单的平面汇交力系的平衡问题的基本步骤，即确定研究对象，画受力图，建立直角坐标系，列平衡方程并解题。此时教师在讲解时可严格按照投影公式：$F_x = \pm F\cos\alpha$，$F_y = \pm F\sin\alpha$（其中 α 角为力 F 与 x 轴所夹锐角），使学生对所学公式与例题的解法有一个统一的理解与认识。教学中运用点拨引导法。在解决平面汇交力系的平衡问题时，学生往往对物体的受力分析、画受力图及建立直角坐标系无从下手，即使他们对投影知识有了一定的了解，但往往因为知识不够牢固、灵活性不强而无法解题，这时教师应根据学生掌握知识的程度和具体情况，在如何进行物体的受力分析、建立平衡方程等关键性问题上给学生以适当的提示，引导他们回忆约束与约束反作用力的相关内容，进一步强调约束类型及约束反力的特点，突破学习难点，减少他们在学习上的困难，培养学习的兴趣和知难而上的学习精神。

4．课堂小结

力在坐标轴上的投影；合力投影定理；平面汇交力系合成的解析法；平面汇交力系平衡的解析条件。解题步骤：确定研究对象，画受力图，建立适当的直角坐标系，列平衡方程并解题。比较几何法和解析法的特点时，可指导学生采用几何法和解析法解同一道题，说明几何法解题虽然简单，但对作图的精确度要求比较高。通过比较分析，可以使学生充分认识几何法与解析法之间的区别。

5．板书设计

板书应突出本章重点内容，即力在坐标轴上的投影、平面汇交力系的合成公式、平面汇交力系的平衡方程等，为了加强教学的直观性，应该采用有色粉笔标明重要的内容，引人注目，充分体现板书的导读功能，给学生留下深刻的印象。

6．布置作业

对难度较大的作业题，根据学生特点，在物体的受力分析、画受力图等方面予以适当的启发、点拨与指导，减少学生的学习难度，进一步培养学生的学习兴趣。对最常用的基本公式——力的投影公式（$F_x = \pm F\cos\alpha$，$F_y = \pm F\sin\alpha$，其中 α 角为力 F 与 x 轴所夹锐角），要求学生在解题过程中反复自我深化，加强记忆，充分调动学生学习的主观能动性。

学中练，练中学。配合教师的授课进度，在教师的启发引导下，布置做有代表性的习题以加深对知识的掌握，逐步培养学生采取灵活的解题思路和随机应变的解题方法的能力，取得事半功倍的效果。

思考与练习答案

一、填空题

1．各分力、代数和

2．大小、垂直距离、方向

3．各力、代数和

二、选择题

1．B、C　2．C

三、名词解释

1．平面汇交力系

作用于物体上各力的作用线都在同一平面内且相交于一点的力系。

2．三力平衡汇交定理

若作用于物体同一平面上的三个不平行的力构成平衡力系，则它们的作用线必汇交于一点。

3．合力投影定理

合力在任一轴上的投影等于各分力在同一轴上的投影代数和。

四、画图题

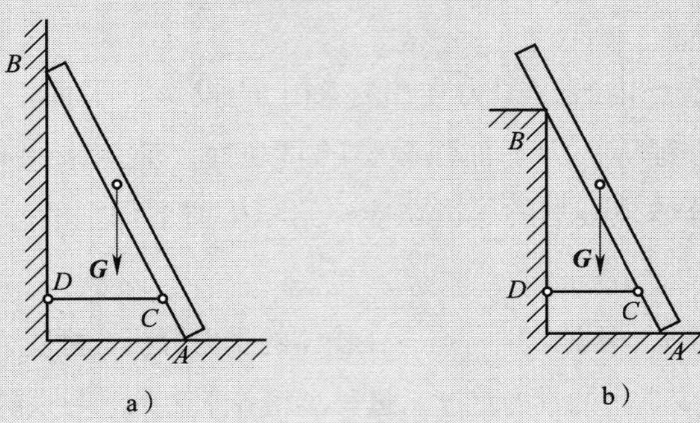

杆 AB 受力分析

答案：物体在 A、B 处受的力垂直于支持面，通过接触点，指向物体，在 C 处的作用力沿着柔索通过 C 点背离物体。不同的是图 a B 处受的力以竖直的墙壁为支持面，图 b B 处受的力以杆 AB 为支持面。

课题三　力矩和力偶

一、教材分析及教学流程

本课题主要围绕力矩和力偶这两方面内容学习，对于力矩方面重点是转动平衡的概念、力臂和力矩的概念、固定转动轴物体平衡的条件；力偶方面重点是力偶概念、力偶矩表示方法、力偶基本性质、力偶系合成及平衡条件，力矩和力偶的区别，力的平移定理。

本课题教学流程如图 6—3 所示。

二、教学要求

1. 理解力矩、力矩的平衡条件、合力矩定理。
2. 理解力偶、力偶矩、平面力偶系的合成与平衡。
3. 能够进行力矩、力偶矩计算。
4. 能够运用力矩平衡条件及平面力偶系平衡条件进行简单计算。
5. 能够运用力的平移定理解释实际问题。

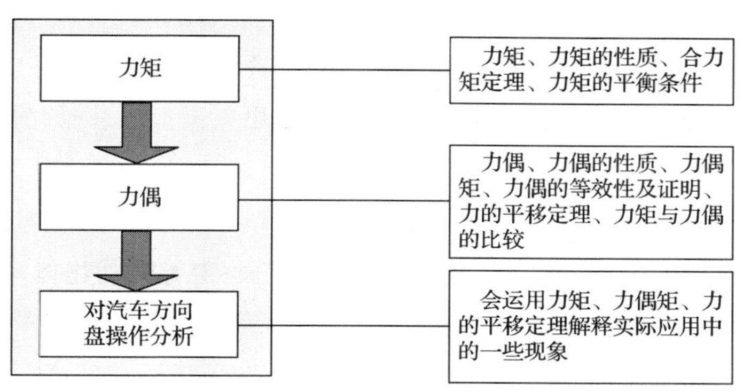

图 6—3　教学流程

三、教学重点和难点

1．重点

力矩、合力矩定理、力矩的平衡条件、力偶、力偶矩、力偶的基本性质、力偶系合成与平衡条件、力的平移定理。

2．难点

会进行力矩、力偶矩、平面力偶系合成，会进行力矩与力偶的平衡条件计算，会运用力的平移定理解释实际应用中的一些现象。

四、教学建议

本课题内容在教学中多采用多媒体和实物相结合的教学方法比较好，同时多举些应用实例进行讲解，让学生有感性认识，同时能激发学生的学习兴趣，加深力矩平衡条件及平面力偶系平衡条件的认识和理解，掌握运用力的平移定理解决实际问题的方法。

1．师生活动建议

教师活动有课前精心预设前置作业（由导学提纲、练一练、探究与感悟组成），组织学生自主学习。通过课件中的工程实例，结合学生实习来引入课题，让学生观察，布置前置作业。巡视导学：巡视课堂，了解情况，对问题与疑点积极引导，适时点拨。对学困生积极鼓励，并适度助学。点评与精讲：对各组讨论进行点评，对重点内容进行精讲。提示学生：平面力偶系合成为一个力偶，合力偶矩等于各力偶矩的代数和。反馈小结：巡视指导，了解课堂教学效果，对课堂练习进行点评，对平衡问题的求解进行小结。课外拓展：对学有余力的同学要求探究不同的解题方法，并感悟力偶知识在实践中的应用，提升学生的能力。

学生活动有让同学们观察课件，结合生活中的经验来回答问题。自主学习：自学教材、自主完成导学提纲，记录疑点或无法解决的问题，为交流做准备。组内交流：

在小组长的组织下，有序开展交流与探讨，共同解决存在的问题，并整理交流的结果。小组展示：各组依次对交流的结果进行展示，并对各组的展示做出补充或评价。自我检测：独立完成，学困生可在同学助学下完成。反思提高：通过探究与感悟，激发求知欲望，提高学习专业的兴趣。

2．正确理解力矩的概念

力矩是改变转动物体的运动状态的物理量，门、窗等转动物体从静止状态变为转动状态或从转动状态变为静止状态时，必须受到力的作用。但是，若将力作用在门、窗的转轴上，则无论施加多大的力都不会改变其运动状态，可见转动物体的运动状态和变化不仅与力的大小有关，还受力的方向、力的作用点的影响。力的作用点离转轴越远，力的方向与转轴所在平面越趋于垂直，力使转动物体运动状态变化得就越明显。物理学中力的作用点和力的作用方向对转动物体运动状态变化的影响，用力矩这个物理量综合表示，因此，力矩被定义为力与力臂的乘积。力矩概括了影响转动物体运动状态变化的所有规律，力矩是改变转动物体运动状态的物理量。

力臂：转动轴到力的作用线的垂直距离。力矩：力和力臂的乘积。计算公式：$m_o(\boldsymbol{F})=FL$；单位：N · m；效果：可以使物体转动。力矩的计算：先求出力的力臂，再由定义求力矩 $m_o(\boldsymbol{F})=FL$。图 6—4 中，力 $\boldsymbol{F}$ 的力臂为 $L_F=L\sin\theta$。力矩 $m_o(\boldsymbol{F})=FL\sin\theta$。$\theta$ 为 F 与杆所夹锐角。

先把力沿平行于杆和垂直于杆的两个方向分解，平行于杆的分力对杆无转动效果，力矩为零；垂直于杆的分力的力矩为该分力的大小与杆长的乘积。如图 6—4 所示，力 $\boldsymbol{F}$ 的力矩就等于其分力 F_1 产生的力矩，$m_o(\boldsymbol{F})=F\sin\theta L$，两种方法不同，但求出的结果是一样的，对具体的问题选择恰当的方法会简化解题过程。

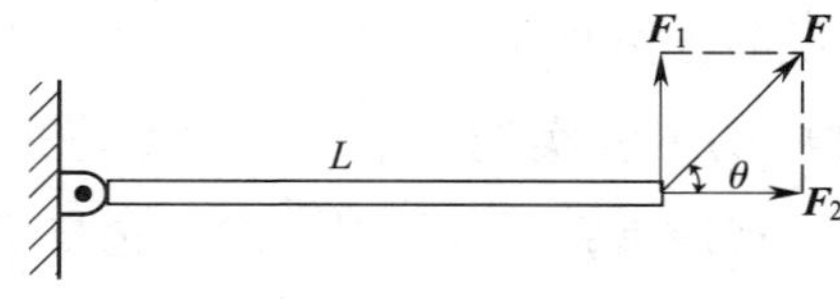

图 6—4　力矩分析

力矩是矢量，在中学物理中，作用在物体上的力都在同一平面内，各力对转轴的力矩只能使物体顺时针转动或逆时针转动，这样，求几个力矩的合力矩就简化为代数运算。

大小一定的力有最大力矩的条件：①力作用在离转动轴最远的点上。②力的方向垂直于力作用点与转轴的连线。

力对物体的转动效果。力使物体转动的效果不仅跟力的大小有关，还跟力臂有关，即力对物体的转动效果决定于力矩。①当力臂等于零时，不论作用力多么大，对物体都不会产生转动作用。②当作用力与转动轴平行时，不会对物体产生转动作用，计算力矩，关键是找力臂。需注意力臂是转动轴到力的作用线的距离，而不是转动轴到力的作用点的距离，如图 6—5 所示。

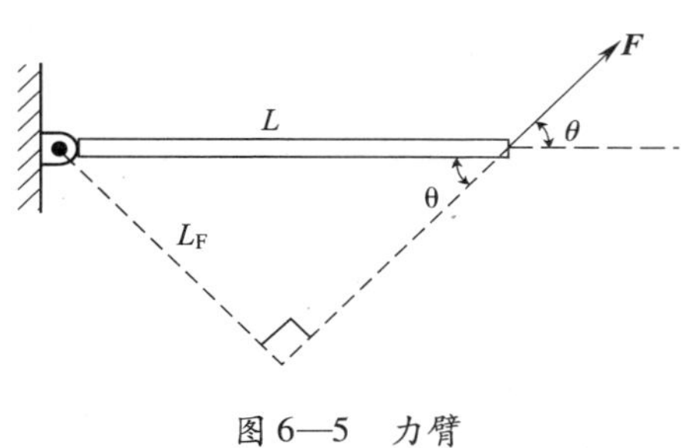

图 6—5　力臂

明确转轴很重要：大多数情况下物体的转轴是容易明确的，但在有的情况下则需要自己来确定转轴的位置。如一根长木棒置于水平地面上，它的两个端点为 A、B，现给 B 端加一个竖直向上的外力，使杆刚好离开地面，求力 $\boldsymbol{F}$ 的大小。在这一问题中，过 A 点平行于杆的水平直线是杆的转轴。像这样，在解决问题之前，首先要通过分析来确定转轴的问题，只有明确转轴，才能计算力矩，进而利用力矩平衡条件。转动平衡：有转动轴的物体在力的作用下，处于静止或匀速转动状态。

3．力矩平衡条件

力矩平衡条件：力矩代数和为零或所有使物体向顺时针方向转动的力矩之和等于所有使物体向逆时针方向转动的力矩之和，即 $\sum m_o(F)=0$ 或 $\sum m_o(F)_{顺}=\sum m_o(F)_{逆}$。

解决实际问题的步骤：

（1）确定研究对象——哪个物体。

（2）分析状态及受力——画示意图。

（3）列出力矩平衡方程：$\sum m_o(F)=0$ 或 $\sum m_o(F)_{顺}=\sum m_o(F)_{逆}$。

（4）解出字母表达式，代入数据。

（5）作必要的讨论，写出明确的答案。

4．静力学的基本物理量力、力偶

凡大小相等，方向相反，且作用线不在一直线上的两个力称为力偶，它对平面内任一点之矩与矩心位置无关，其大小为力乘以二力作用线间的距离，即力臂，方向由右手螺旋定则确定并垂直于二力所构成的平面。

力和力偶是力学中两个基本的物理量。对于力偶，在实践中经常遇到某物体受到大小相等，方向相反，但不在同一条作用线上的两平行力作用，使物体转动的情况。这种大小相等，方向相反，作用线平行，但不在同一直线上的两个力组成的力系称为力偶。

力偶的性质：①力偶的合力为零。因为组成力偶的两个力在其作用面内任一坐标轴上投影的代数和等于零。②力偶只能用力偶来平衡。由于力偶对刚体只有转动效应，没有移动效应，所以力偶不能用一个力来代替，也不能用一个力来平衡。

力偶矩由于力偶在其作用面内的转向不同，作用效果也不同。因此，与力矩一样，可用乘积 Fd 前加上正负号来度量力偶对物体的转动效应，并把它称为力偶矩。力偶（F，F'）的力偶矩，以符号 m_o（F，F'）表示，或简写为 m，则 $m=\pm Fd$。即力偶矩的大小等于力的大小与力偶臂的乘积，其正负号表示力偶的转向，并规定逆时针转向为正，反之为负。力偶的单位与力矩的单位相同，在国际单位制中其单位为 N · m。

力偶对物体的转动效应，取决于力偶矩的大小、力偶的转向和力偶作用面的方向。

力偶的等效性。力偶对其作用面内任一点的矩为常数，并等于力偶矩本身，只要两个力偶的力偶矩的大小和转向相同，则这两个力偶就是等效力偶。

由上述力偶的等效条件，可得出力偶对刚体转动性质：①力偶对物体的作用与它在作用面内的位置无关。②只要保持力偶矩不变，可以同时改变力偶中力的大小和力偶臂的长短，而不改变力偶对物体的作用。

5. 力矩和力偶的区别及力的平移定理

力矩和力偶都能使物体的转动状态发生改变，这是它们的共性。但力矩对物体的转动效应与矩心的位置有关，力偶对物体的转动效应与矩心的位置无关。注意区别力矩和力偶。力矩与力偶的比较见表6—1。

表6—1　　力矩与力偶的比较

内容	力矩	力偶
对刚体的作用效果	转动	转动
计算公式	m_o（F）$=\pm Fh$	m_o（F，F'）$=\pm Fh$
计算单位	N · m	N · m
转向正、负规定	逆时针转为正，反之为负	逆时针转为正，反之为负
有无固定转动中心	有（矩心）	无
能否在转动平面内移动和转动	不能	可以

若将作用在刚体上某点的力平行移到刚体上另一点，要求不改变原力的作用效果，则必须附加一个力偶，其力偶矩等于原力对新作用点的矩。这个力偶称为附加力偶，此附加力偶的力偶矩为：$m=m_o$（F）$=-Fd$。

思考与练习答案

一、判断题

1. √　2. ×

二、名词解释

1. 力矩

以乘积 Fh 并冠以正负号作为力 $\boldsymbol{F}$ 使物体绕 O 点转动效果的度量，称为力 $\boldsymbol{F}$ 对 O 点的矩，简称力矩。

2. 力偶

大小相等，方向相反，作用线平行，但不在同一直线上的两个力组成的力系称为力偶。

三、问答题

1. 答：力 $\boldsymbol{F}$ 使物体绕 O 点的转动效果，不仅与力 $\boldsymbol{F}$ 的大小有关，还与 O 点到力 $\boldsymbol{F}$ 作用线的垂直距离 h 有关，以乘积 Fh 并冠以正负号作为力 $\boldsymbol{F}$ 使物体绕 O 点转动效果的度量，称为力 $\boldsymbol{F}$ 对 O 点的矩，简称力矩。

合力对某点的矩与分力对该点的矩之和相等。

2. 答：力偶是两个力的作用线平行，但不在同一直线上的两个力组成的力系，且作用于同一物体上。

作用力和反作用力是在同一直线上的两个力，而且作用在相互作用的两个物体上。二力平衡两个力作用在同一直线上，且作用于在同一物体上。

四、计算题

1. 解：对于 C 点有：$F_{BC}\cos30° = F_{AC}\cos60° + G$，$F_{BC}\sin30° = F_{AC}\sin60°$。

所以 $F_{AC} = 10$ kN，方向由 C 指向 A，$F_{BC} = 10\sqrt{3}$ kN，方向由 B 指向 C。

2. 解：以 O 点为固定转动轴 $Q\times60 - F\sin30°\times50 - F\cos30°\times300 = 0$，$Q = 700$ N 向上。支座 O 的约束反力 $R_x = Q - F\sin 30° = 625$ N 向下；$R_y = F\cos 30° = 128.5$ N，向右。

课题四　平面任意力系及平衡

一、教材分析及教学流程

静力学研究内容：物体受力分析方法和物体在力系作用下处于平衡的条件，在工程中应用很广。工程中最常见的力系是平面任意力系，作用于物体上的各力的作用线都在同一平面内且任意分布的力系称为平面任意力系。前述的平面汇交力系和平面力偶系以及后述的平面平行力系可看成是平面任意力系的特殊形式，许多实际问题都可以简化为平面任意力系问题来处理，分析和解决平面任意力系平衡问题在静力学中占有重要地位。

本课题教学流程如图 6—6 所示。

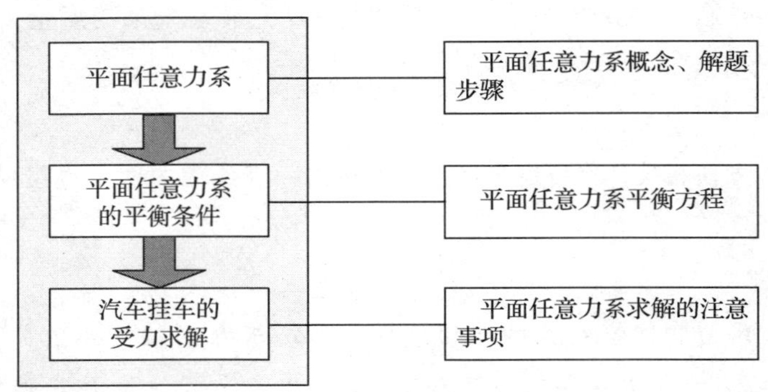

图 6—6　教学流程

二、教学要求

1. 理解平面任意力系的概念和平衡条件。
2. 掌握平面任意力系的解题步骤。
3. 掌握平面任意力系的受力求解方法。

三、教学重点和难点

1. 重点

平面任意力系的概念和平衡方程以及平面任意力系平衡问题的解法。

2. 难点

应用平面任意力系平衡方程求解物体平衡问题的方法和步骤以及注意事项。

四、教学建议

学生对工程结构缺乏感性认识，对于作用在工程结构上力的分析难以正确理解，尤其对如何应用平衡方程解决工程上的平衡问题感觉困惑，对所学知识点内容缺乏整合应用的能力。但他们具有初步的分析和解决问题的能力，学生在前述课题中已经学习了物体的受力分析方法、静力学公理、运用平面汇交力系平衡的解析条件解决平面汇交力系作用下的物体平衡问题、力矩的平衡条件以及平面力偶系的平衡条件等力学知识，而正确地画出物体的受力图是分析、解决静力学平衡问题的基础。这就需要教师能合理设疑，引导学生进行自主探究，充分发挥学生学习主体的作用。

本课题教学目标可以分解成如下目标。识记目标：理解平面任意力系的概念；掌握平面任意力系的平衡条件和平衡方程。能力目标：能应用平面任意力系平衡方程解决工程上的平衡问题；培养学生严谨的逻辑思维能力和自主探索问题的能力；提高学生分析和解决问题的能力。情感目标：培养学生勤于思考的好习惯和严谨、务实、细致的工作态度；通过小组讨论，培养学生的协作精神。

本课题可运用创设问题情境→引导学生自主探究→小组合作讨论→练习总结→知识拓展的教学模式；采用启发式教学法，引导学生进行自主探究学习，通过对展示案例的合作讨论，进行解题方法的优化，以达到预期的教学目标。为配合讲课需要，新课引入内容采用动态显示，各例题图及受力分析采用实时作图。

平面任意力系求解的注意事项：不要画研究对象的内力。尽量使每个未知力只在一个轴上有投影，在另一个轴上投影为零。选取矩心时，可以选未知力的交点作为矩心，尽量让一个方程只出现一个未知量，避免解联立方程，给解题带来方便。进行计算结果分析时，如果求得未知力的数值为正值，说明解题时假设力的方向与实际方向相同；如果求得未知力的数值为负值，说明解题时假设力的方向与实际方向相反。如果求得的未知力偶为正值，说明解题时假设的转向与实际方向相同；如果求得的未知力偶为负值，说明解题时假设的转向与实际方向相反。

思考与练习答案

一、多选题

C、G；A、F、H、I；B、D、E

二、问答题

1. 答：平面任意力系的平衡条件：力系中所有的力在两个不同方向的坐标轴 x、y 上投影的代数和都等于零；力系中所有的力对力系所在平面内任意点 O 的力矩的代数和等于零。

2.

答：(1) 平面任意力系平衡方程 $\begin{cases} \sum F_x = 0 \\ \sum F_y = 0 \\ \sum m_o(\boldsymbol{F}) = 0 \end{cases}$

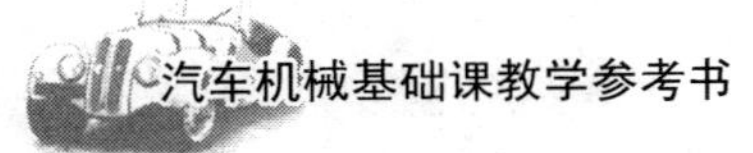

（2）平面任意力系的解题步骤

1）确定研究对象，进行受力分析，画出其受力图。

2）选取坐标轴，画在受力图上，计算力系中诸力在每个坐标轴上的投影。

3）据平面任意力系的平衡条件，列平衡方程，求解未知量。

4）计算结果分析。

模块七 材料力学基础

课时分配表

教学内容	总学时	理论学时	实训学时
模块七　材料力学基础	16	16	
课题一　杆件变形的基本形式	2	2	
一、杆件		1	
二、衡量构件承载能力的主要指标		1	
课题二　拉伸与压缩	2	2	
一、轴向拉伸、压缩时横截面上的内力		1	
二、轴向拉伸、压缩时的正应力和线应变 三、有关拉伸或压缩的强度条件的应用		1	
课题三　剪切与挤压	4	4	
一、剪切强度		2	
二、挤压强度		2	
课题四　扭转	4	4	
一、扭转的概念		1	
二、扭转时横截面上的内力		1	
三、圆轴扭转时的变形和应力		1	
四、圆轴扭转时的强度和刚度条件		1	
课题五　直梁的弯曲	4	4	
一、弯曲和梁的类型		1	
二、梁弯曲时横截面上的内力		1	
三、直梁弯曲时的应力和变形		1	
四、直梁弯曲的强度条件和刚度条件		1	

材料力学在工程教育中占有相当重要的地位。材料力学课程里面的基本概念和基本定理可直接用来解决工程实际问题，通过材料力学的学习，使学生明确认识材料力

学的基本概念和基本分析方法，具有比较熟练的计算能力，初步的力学建模及对简化模型近似性评估的能力，一定的定性与定量分析能力和初步的实验能力。培养分析问题、推导计算、判断结果和自学查阅的能力。材料力学是变形固体力学的一个分支。在科技发展日新月异的今天，仍在很多领域得到广泛应用，是连接学生基础课和专业课的桥梁，起着承上启下的作用。因此在其教学中，不仅要教育学生学习、掌握其基本概念基本理论，而且还要培养学生灵活运用知识的能力和创新的能力。

课题一　杆件变形的基本形式

一、教材分析及教学流程

材料力学是工程专业的专业基础必修课，该课程在相关学科的知识架构中，处于连接基础知识和专业知识的重要一环，其中的一些理论和方法不仅可以满足后续课程的需要，并且可以直接应用于工程实践。材料力学，是在变形体的连续性、均匀性、各向同性、弹性和小变形假设的前提下，研究杆件的强度、刚度和稳定性问题的，目的是为工程设计提供依据，解决工程结构中的安全性和经济性这一对矛盾。课程内容包括各种基本变形形式，内力、应力、应变、变形的概念，材料的力学性质，许用应力，安全系数，应力与应变状态，强度理论，组合变形。要求对杆件的受力分析、强度、刚度和稳定性问题具有明确的基本概念、必要的基础知识，熟练地作出杆件基本变形时的内力图，进行应力和位移、强度和刚度计算；掌握应力状态分析方法和理论。

本课题教学流程如图 7—1 所示。

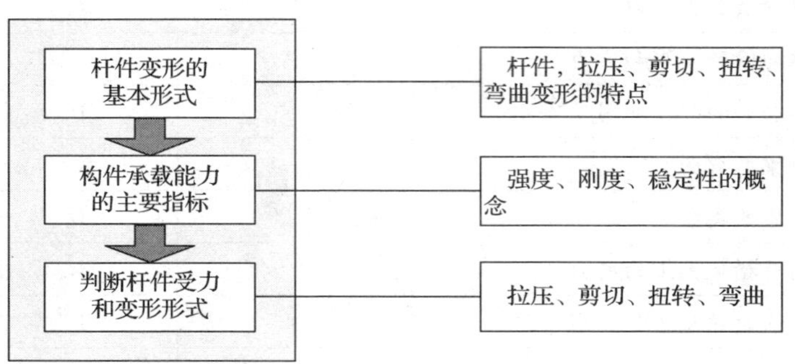

图 7—1　教学流程

二、教学要求

1．了解衡量构件承载能力的主要指标。

2. 熟悉拉压变形、剪切变形、扭转变形、弯曲变形的特点。

3. 掌握强度、刚度、稳定性的概念。

4. 能够判断机器部分杆件受力变形的形式。

三、教学重点和难点

1. 重点

拉压变形、剪切变形、扭转变形、弯曲变形的特点。

2. 难点

强度、刚度、稳定性的概念。

四、教学建议

讲授时应使学生对材料力学的性质和任务有较明确的了解。对其他内容则做一般介绍，有初步的了解即可，以后逐步加深领会。对于强度、刚度问题，大部分学生没有感性知识，也未曾听到过，故应结合与他们相关生活实践知识来引出。对于稳定性问题简提即可，这一概念一开始学生是不可能清楚领会的。

本课题内容在教学中多采用多媒体和实物相结合的教学方法比较好，同时多举些应用实例进行讲解，让学生有感性认识，也能激发学生的学习兴趣，加深对杆件的认识和理解，懂得拉压变形、剪切变形、扭转变形、弯曲变形的特点，理解强度、刚度、稳定性的概念。多种教学方法综合使用，更新教学理念，注重学生能力培养，改变填鸭式教学，采用启发式教学、讨论式教学。多种教学手段解决教学难点问题：采用传统与现代技术相结合的教学手段；重要概念、公式讲解后，均有一道讨论题供学生讨论；运用多媒体资源，作为辅助教学手段，增加工程实例，开拓学生视野；运用动画演示，以补充板书无法表述的动态过程；分阶段进行比较、总结，提高学生对重点、难点的掌握。

材料力学概念多，理论性强，抽象而难以理解，并且应用性极强，因此，教学必须紧密联系实际，在联系实际的过程中，达到解决实际问题的目的。如杆件的变形可能为四种基本变形中的一种，也可能为几种基本变形的组合。

在不同形式的外力作用下，杆件的四种基本变形形式如下：

1. 拉伸或压缩

杆件两端受大小相等、方向相反、作用线与杆件轴线重合的一对外力的作用而产生的变形，称拉伸或压缩变形，表现为杆件的长度伸长或缩短。

2. 剪切

杆件受大小相等、方向相反、作用线相距很近的一对横向力作用而产生的变形，称剪切变形，表现为受剪切的杆件的两部分沿外力作用方向发生相对的错动。

3. 扭转

杆件两端受大小相等、方向相反、作用面垂直于杆轴线的一对力偶作用而产生变形，称扭转变形，表现为杆件的任意两个横截面发生绕轴线的相对转动。

4. 弯曲

杆件两端受一对大小相等，方向相同，作用面处于杆件的包含杆轴线的纵向平面内的力偶作用或受垂直于杆件轴线的横向力作用而产生变形，称为弯曲变形，表现为杆件轴线由直线变为曲线。

在日常生活和工程实践中，学生必然会对一些问题产生疑问，并对这些疑问有自己的看法。此时，教师带着问题引导学生思考，建立材料力学基本理论。如衡量构件承载能力的主要指标：强度是指构件在载荷作用下抵抗破坏的能力；刚度是指构件在载荷作用下抵抗变形的能力；稳定性是指构件保持其原有平衡形态的能力。由于学生初次接触材料力学，通过本课题的学习，要求学生对杆件的强度、刚度和稳定性等问题建立初步认识。

思考与练习答案

1. 答：拉伸或压缩变形、剪切变形、扭转变形、弯曲变形。
2. 答：强度、刚度、稳定性。

课题二　拉伸与压缩

一、教材分析及教学流程

各种机构和零件，如何决定其尺寸的大小，究竟采用什么材料来制造，又可采取何种办法来改善材料的性能，以满足生产的需要等问题，就需用力学知识和材料热处理知识来解决。而材料力学研究是关键，其研究对象主要是等截面的直杆。杆件在外力作用下可能发生各种各样的变形，但归纳起来，有以下四种基本变形，即拉伸或压缩、剪切、扭转和弯曲。拉伸与压缩内容是对杆件进行力学分析的最基础、最重要的内容，并且是后续课程内容的基础，因此本课题知识将起到承上启下的作用，只有正确而灵活地运用这些知识，才能设计出体积小、重量轻、使用方便、灵活且可靠的机械结构来。通过本模块内容教学后，使学生能理论联系实际，产生一次认识上的飞跃。

本课题的主要教学目标如下：

1. 知识目标

通过本课题的学习使学生了解轴向拉伸与压缩变形的概念；使学生理解如何采用截面法来求解轴力，画轴力图，计算应力。

2. 能力目标

通过课堂练习，利用所学的知识点，并加以拓展，培养学生的主观能动性，思维的积极性，提高学生分析问题和解决问题的能力。

3. 情感目标

通过引导学生参与分析问题和解决问题的过程，大胆地猜想、归纳，使学生体验成功的感受，激发学生的学习热情，增强学生的自信心，培养学生良好的学习、思维习惯，在教学过程中充分体现学生的主体作用，使学生的理解能力得到进一步的提高。

本课题教学流程如图 7—2 所示。

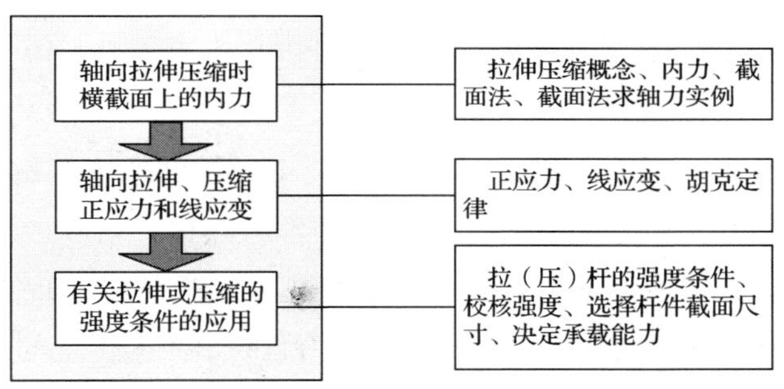

图 7—2　教学流程

二、教学要求

1. 掌握拉伸与压缩、内力及轴力的概念。

2. 能够用截面法求解内力。

3. 掌握应力、正应力和许用应力的概念。

4. 掌握拉（压）杆的强度计算方法。

三、教学重点和难点

1. 重点

会用截面法求杆件内力，画轴力图，并会进行应力的计算。

2. 难点

会进行拉压强度计算，会分析拉（压）杆的变形并用虎克定律进行一些简单计算。

四、教学建议

材料力学基础这一章主要研究四种基本变形，而本次课要讲的轴向拉伸或压缩变形是最主要的变形。结合教材和学生所具备的知识点与理解能力，为以后讲解其余三种变形和材料力学性能打好基础。首先要讲清轴向拉伸与压缩的概念，对照图形，多媒体演示或用挂图。然后根据图形详细介绍截面法、轴力与轴力图、应力，重点讲解拉压强度计算，会分析拉（压）杆的变形，并进行一些简单计算。

根据本课题知识的特点和学生的实际，结合学生的认知规律，采用启发诱导、探索发现等方法进行教学，触发学生积极思维，启迪学生主动求学和探索的精神。根据教学内容的实际，利用弹簧等教具，采取常规的教学手段，增强师生之间的互动性，充分挖掘学生的主观能动性，活跃课堂气氛，同时运用多媒体辅助教学，使教学更直观、形象，从而取得良好的教学效果。

1．轴向拉伸或轴向压缩

作用于杆件上外力的合力的作用线与杆件的轴线重合，杆件的变形是沿轴线方向的伸长或缩短。这种变形形式称为轴向拉伸或轴向压缩，这类杆件称为拉压杆。构件受到外力作用而变形时，构件内部相连两部分的相互作用力称为内力，这里又称为轴力。

材料力学的教学中，通过简要讲述力学发展史，帮助学生了解力学的发展历程，并通过历史中生动有趣的创新故事，激发学生的学习热情，培养他们的创新精神。第二次世界大战期间，全世界有 4 万座桥梁，在事先未见任何异常现象的情况下突然断裂坍塌；美国有 1 000 多艘全焊接轮船发生低应力脆断事故。传统的力学理论已不能妥善地解释和解决这些矛盾。于是，一门新的力学分支断裂力学便形成和发展起来了。通过介绍材料力学发展史，使学生理解到力学发展的历程就是不断创新的历程。在材料力学的教学中，通过力学发展史，将前人创新过程再现在学生面前，培养学生的学习兴趣。弹性定律是材料力学一个非常重要的基础，一般认为它是由英国科学家胡克（1635—1703 年）首先提出来的，所以通常叫作胡克定律。其实，在胡克之前 1 500 年，我国早就有了关于力和变形成正比关系的记载。东汉经学家郑玄（127—200 年）对《考工记弓人》中“量其力，有三均”做了这样的注释：“假令弓力胜三石，引之中三尺，弛其弦，以绳缓擐之，每加物一石，则张一尺”，其中的“每加物一石，则张一尺”和胡克定律所讲的完全是同一个意思，但他比胡克早 1 500 年就记录下这种正比关系。

2．截面法求内力

用截面假想地把杆件分成两部分，以显示并确定内力的方法称为截面法。截面法是杆件基本变形中求内力的普遍方法。截面法求杆件的轴力的具体教学程序如下：

（1）课前准备

主要是熟悉教材，了解学生的知识背景（数学、物理、静力学等），整合多学科知识，进行螺旋式提升。

（2）复习回顾

材料力学的任务：研究构件在外力作用下产生变形的规律，建立构件满足强度要求所需的条件，为既安全又经济地设计构件提供科学的计算方法。为了便于分析和计算构件的强度，一般假设可变形固体的构造是均匀和密实的，其力学性质在各处都是均匀一致的，在各方向上都是相同的。而且大部分问题只限于对弹性变形的研究。

（3）导入新课

结合工程中的实例，与学生一起来分析一下构件的受力情况，让学生进行归纳、总结，得出杆件的受力特点和变形特点。然后指导学生带着问题看书，培养学生良好的看书习惯，并使学生了解轴向拉伸与压缩的概念与区别。通过学生对概念的叙述，可训练学生专业语言表达能力，调动学生的学习积极性，加深对概念的理解和记忆。让学生真正参与到知识的发生、发展及形成过程中来。

（4）突破难点

构件工作时承受载荷、自重和约束力都称为构件上的外力（前一章节内容已学过构件受力分析）。由外力作用而引起的构件内部的相互作用力，称为内力（本次课讲解内容）。我们知道当外力作用大于内力时，构件将被破坏（变形或断裂）。为了安全，一般要加大构件的尺寸或选用较好的材料，为了经济，则情况相反。显然，安全与经济两者是矛盾的。因此，合理地选用材料，恰当地确定构件的截面形状和尺寸，是构件设计中的重要问题。而这里就是重点介绍构件内力情况、如何求得，为合理选材打好基础。分析求构件内力的方法——截面法，重点把握住步骤：截、取、代、列，另外必须跟学生说明应用截面法求内力时应注意哪些问题，利用所学知识点来解决新的难点。鉴于学生存在读书不求甚解的现象，通过分析讲解，让他们明白如何整合知识，融会贯通。这样使学生不仅复习了学过的知识点，又让学生轻松掌握新知识，从而达到预期的教学目的。

（5）巩固训练

为了让学生巩固利用截面法求解构件内力，培养学生的实践能力，解题中要求学生按照截面法求构件内力的步骤，让学生跟着一起来分析、判断，从而得出结论，同时培养学生解题的规范性、条理性，进一步加深学生对概念实质的理解，掌握解题步骤。养成善于反思的良好思维习惯，激发学生的学习兴趣，也体现了学生的主体作用。进行“随风潜入夜，润物细无声”的潜移默化，从而磨刀不误砍柴工，提高学生学习积极性、主动性。

（6）课堂小结

引导学生完成小结，在理解的基础上，要记住轴向拉伸与压缩的含义和求解构件内力的方法——截面法的四个步骤，并能在解题过程中灵活地加以应用，要学会综合运用知识来分析和解决问题。

（7）板书设计

利用环环相扣的方法列出重要概念，突出重点，并把各知识点串联起来，以图画加以说明、分析利用截面法求构件内力的过程，直观形象地表达所阐述的知识点，加深学生理解，进而使专业知识螺旋提升。

（8）布置作业

结合所学知识点，进行练习训练，巩固本次课的知识内容并要求预习新课，为下次上课做好准备。

3．拉压杆的强度条件

通过这一部分的教学，应使学生了解材料力学中各基本变形讨论的内容和步骤。一般是外力、内力、应力、强度条件，以及变形、刚度条件。在讲授内力、截面法时，要强调截面法是材料力学求内力的普遍方法，应讲清其实质（通过以后各章节的学习达到熟练掌握的要求）。由拉（压）杆引出应力概念时，注意应力是这一部分的中心问题，它是衡量构件的强度指标。

思考与练习答案

一、填空题

1．力作用线与轴线重合、沿轴线方向的伸长或缩短

2．单位面积上的内力、正应力、帕斯卡

3．$\Delta L = L_1 - L$、$\varepsilon = \frac{\Delta L}{L}$

二、选择题

1．C　2．A、A、B、C

三、计算题

1．解：左图：1—1 截面 $N_1 = P$，向左；2—2 截面 $N_2 = P$，向右。

右图：1—1 截面 $N_1 = 100$ N，向右；2—2 截面 $N_2 = 0$ N；3—3 截面 $N_3 = 200$ N，向右。

2．

解：$\delta_1 = \frac{N}{A_1} = 31.2$ MPa，$\delta_2 = \frac{N}{A_2} = 124.8$ MPa。

课题三　剪切与挤压

一、教材分析及教学流程

材料力学中知识较多，学习起来头绪有些不清，如果用系统论的思想来分析材料力学中的知识点，就容易解决学生的困惑。所谓系统论就是将研究的事物作为一个具有特定功能的相互有机联系的系统，通过系统分析把握整体结构的性质特点，其主要表现形式是通过综合思维，对系统知识进行检索、归纳、分析并加以综合。如果运用系统式教学法，例如在讲到材料力学部分的基本变形时，将四种基本变形系统地按照一个主线进行分析，即外力→内力→应力→应变→应用，这样学生在学习过程中很自然地按这条主线进行学习，能够系统地掌握知识要点，而不会觉得知识繁杂，头绪不清了。系统式教学按系统分析的方法将知识进行组合，综合分析，既加深了学生对现有知识的认识和理解，又从知识的重新排列组合中获得解决问题的方法，增强了他们的系统思维能力。

本课题教学流程如图 7—3 所示。

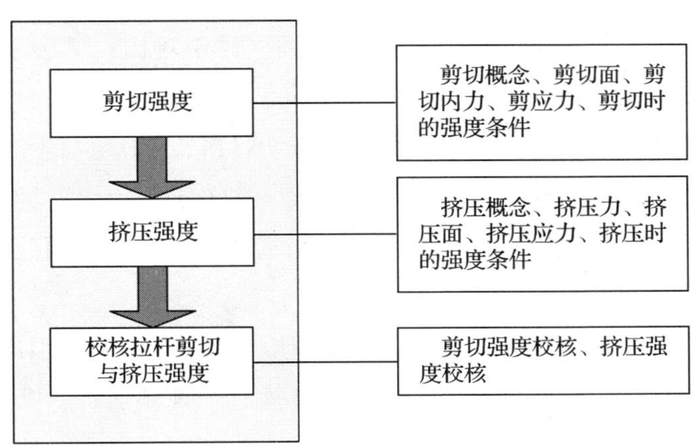

图 7—3　教学流程

二、教学要求

1. 掌握剪切与挤压的概念。
2. 掌握剪切时的内力、剪应力和剪切强度计算。
3. 能够进行剪切与挤压的强度计算。

三、教学重点和难点

1．重点

剪切、挤压的概念，变形特点，强度公式。

2．难点

利用抗剪切和挤压强度公式解决生产实践中出现的问题。

四、教学建议

学生已经学习了“材料的内力”和“截面法”，本次课主要是讲授在生产实践中经常发生的“剪切与挤压”现象及相关知识。本课题内容在教学中多采用多媒体和实物相结合的教学方法比较好，同时多举些应用实例进行讲解，让学生有感性认识，同时能激发学生的学习兴趣，加深对剪切、挤压概念，及其变形特点的认识和理解，掌握运用剪切和挤压强度公式进行计算的方法。

1．剪切变形

本课题主要学习剪切及其强度公式，利用公式校核构件的强度，设计截面尺寸，确定许用载荷，以保障生产安全。教师利用生产实践中由剪切破坏造成的安全事故引起学生的学习兴趣，抓住这一关键因素因势利导、循循善诱。使学生充分理解和消化这一课的内容，完成教学目的，达到教学目标。

教法采用：情境引入、视频演示、任务驱动、讨论对比；学法采用：自主学习、合作互助学习、探究式学习。

课前预习时运用百度搜索“剪切”的相关教学材料、“剪切与生产实践”的视频，了解教学重点和难点，确定课堂教学方法。搜索一些关于“剪切”的视频、动画等多媒体素材及其他相关教学辅助素材，帮助学生来理解抽象事物进而分析、制定探究项目。

教学思路：首先播放“视频”材料，依据情境导入教学，从而引出“剪切与挤压”的教学内容；其次在教学讲解过程中，多次通过播放“视频动画、机械图样”等深入剖析教学重点与难点。通过让学生回顾构件正常工作的基本要求，从而更好地来理解剪切的变形特点，通过“讨论”方式讲解强度计算方法，让学生学会自我解决问题；用“对比探讨”来理清易混淆的概念与原理。最后，通过例题讲解等方式进一步巩固教学内容。

2．挤压变形

构件在受剪切的同时，在两构件的接触面上，因互相压紧会产生局部受压，称为挤压。如图 7—4 所示的铆钉连接中，作用在钢板上的拉力 F，通过钢板与铆钉的接触面传递给铆钉，接触面上就产生了挤压。两构件的接触面称为挤压面，作用于接触面的压力称挤压力，挤压面上的压应力称挤压应力，当挤压力过大时，孔壁边缘将受压起“皱”（见图7—4a），铆钉局部压“扁”，使圆孔变成椭圆，连接松动（见图7—4b），这就是挤压破坏。因此，连接件除剪切强度需计算外，还要进行挤压强度计算。挤压应力在挤压面上的分布也很复杂，因此也采用实用计算法，假定挤压应力均匀地分布在计算挤压面上，这样，平均挤压应力为 $\sigma_{jy}=\frac{P}{A_{jy}}$。式中 A_{jy} 为挤压面的计算面积。当接触面为平面时，接触面的面积就是计算挤压面积，当接触面为半圆柱面时，取圆柱体的直径平面作为计算挤压面面积。教材中［σ_{jy}］为材料的许用挤压应力，由试验测得。许用挤压应力［σ_{jy}］比许用压应力［σ］高，为1.7～2.0倍，因为挤压时只在局部范围内引起塑性变形，周围没有发生塑性变形的材料将会阻止变形的扩展，从而提高了抗挤压的能力。

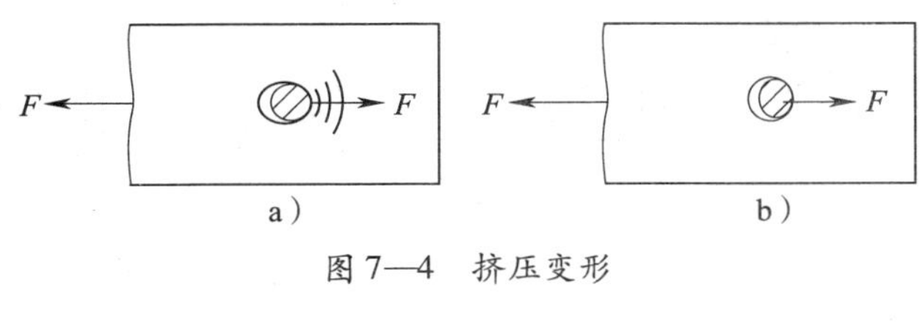

图7—4　挤压变形

思考与练习答案

一、填空题

1. 剪力大小相等方向相反，作用线不在一条直线上，相距很近的距离、剪切截面处发生相对错动

2. 在连接件和被连接件的接触面上相互压紧、两构件的接触面、A_{jy}

二、选择题

1. A、E　2. A

课题四　扭　　转

一、教材分析及教学流程

本课题的主要教学内容有扭转的概念；扭转杆件的内力（扭矩）计算和画扭矩图；扭转时的切应力和变形，圆轴扭转时截面上切应力的分布规律；扭转杆件横截面上的

切应力计算方法和扭转强度计算方法；扭转杆件变形（扭转角）计算方法和扭转刚度计算方法。

本课题教学流程如图 7—5 所示。

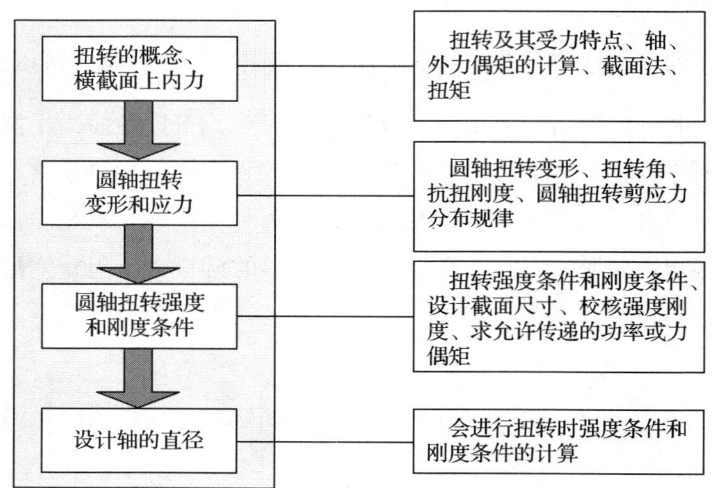

图 7—5　教学流程

二、教学要求

1. 掌握扭转和扭矩的概念。
2. 掌握扭矩的计算并绘制扭矩图。
3. 能够进行圆轴扭转时的应力计算和强度校核。

三、教学重点和难点

1. 重点

外力偶矩的计算、扭矩图的画法；圆轴扭转时应力和变形。

2. 难点

圆杆扭转时截面上切应力的分布规律；扭转变形与剪切变形的区别；能进行强度和刚度计算。

四、教学建议

更新教学理念，注重学生能力培养，改变填鸭式教学，采用启发式教学、讨论式教学。通过提问，引导学生思考，让学生回答问题。多种教学手段解决教学重点和难点问题。采用传统与现代技术相结合的教学手段，包括重要概念、公式讲解后，均有一道讨论题供学生讨论。

首先理解扭转和扭矩的概念，对照挂图，多媒体演示或用实物操作，同时多举些应用实例进行讲解，让学生有感性认识，同时能激发学生的学习兴趣，加深学生的认识理解，本课题的重点是掌握扭矩的计算并绘制扭矩图。能够进行圆轴扭转时的应力计算，强度、刚度校核。

1．扭转和扭矩的概念

在传动轴两端垂直于杆件轴线的平面内，作用一对大小相等、方向相反的力偶。在上述力偶作用下，传动轴各横截面绕杆件轴线作相对转动。可以看出，这些受力构件的共同特点：构件为等直圆杆，并在垂直于杆件轴线的平面内作用有力偶。在这种情况下，杆件各横截面绕轴线做相对转动。

扭转截面上产生的内力即扭矩，仍采用截面法，某一截面上的扭矩等于截面一侧（左或右）轴上所受外力偶矩的代数和。

为了使截面两侧求出的扭矩具有相同的正负号，对扭矩的正负号做如下规定：以右手拇指表示截面外法线方向，若扭矩转向与其他四指转向相同时扭矩取正号；反之取负号。于是，外力偶矩正负号的规定应与扭矩相反。即右手拇指表示截面外法线方向，外力偶矩转向与其他四指转向相同时取负号；反之取正号。这样，正的外力偶矩产生正的扭矩，即外力偶矩代数和为正时扭矩为正（见图 7—6a、图 7—6b）；反之为负（见图 7—6c、图 7—6d）。

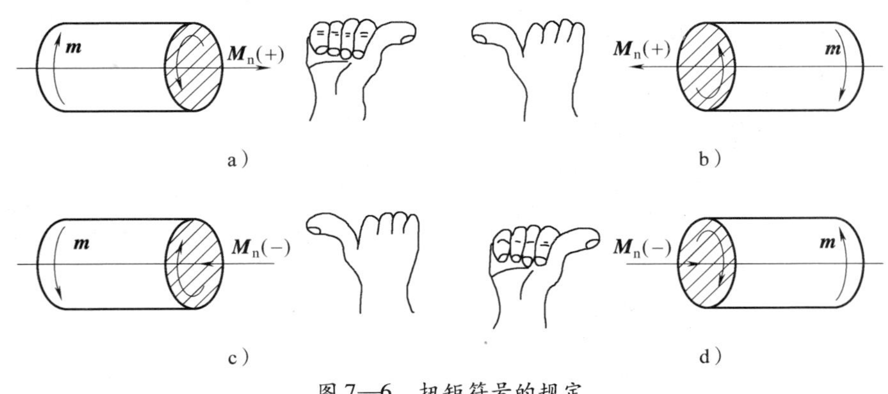

图 7—6　扭矩符号的规定

扭矩图：为了清楚地看出各截面扭矩的变化情况，以便确定危险截面，通常把扭矩随截面位置的变化绘成图形，称为扭矩图。扭矩图的绘制是以横坐标表示截面位置，以纵坐标表示相应截面的扭矩。把上面的计算结果按适当比例绘于图上，即得扭矩图。从扭矩图上可以明显看出危险截面。

通过工程实例建立扭转概念，利用幻灯片演示和实物演示表示扭转时的变形，运用动画演示，以补充板书无法表述的动态过程，开拓学生视野。

2．圆轴扭转变形和应力

可以认为圆轴在扭转变形时，各横截面仍为垂直于轴线的平面，只是绕轴线相对转动。圆轴横截面上的半径仍为直线，其长度也不变。从圆轴扭转变形的情况来分析，可得出以下结论：

（1）扭转变形时，相邻横截面之间发生了绕轴线的相对转动，说明各横截面之间发生了相对错动，这实质上是剪切变形。所以横截面上必有剪应力存在，且剪应力组成的合力必为力偶。

（2）扭转变形时，因截面半径长度不变，故剪应力方向必垂直于半径，而截面半径仍为直线，表明离截面中心越远处的应变越大，因而剪应力也越大。

（3）扭转变形时，因轴上所有圆周线的相互距离均无变化，所以横截面上没有正应力。

综上所述，圆轴扭转时，横截面上剪应力的分布规律为横截面上某点的剪应力与该点至圆心的距离成正比，圆心处剪应力为零，圆周上剪应力最大，剪应力沿截面半径呈直线规律分布（见图7—7）。

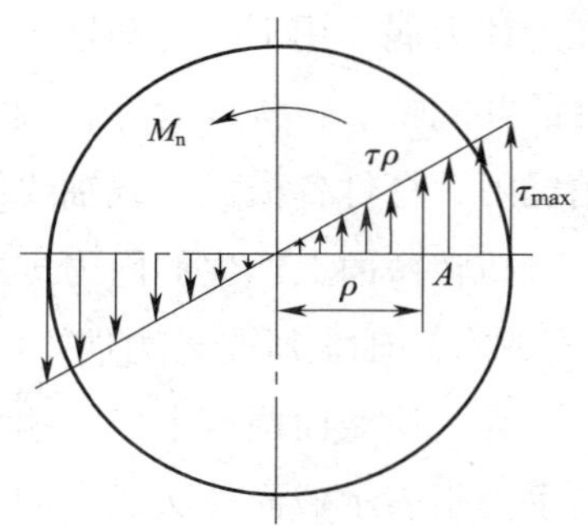

图7—7　圆轴横截面上剪应力分布规律

3．圆轴扭转强度和刚度条件

必须注意，M_n应是全轴中危险截面上的扭矩，所以在进行扭转强度计算时，必须画出扭矩图。扭转剪应力的推导，应着重讲清物理方面推导的方法。横截面上应力非均匀分布是学生初次遇到的问题，故为一难点，应从物理本质上讲清圆轴扭转时横截面上剪应力的线形分布规律及其原因。教师应由剪应力的线形分布及强度条件的要求引出圆轴扭转的合理截面问题。对于实用计算，应说明由于许用应力是根据实验结果按同样的假定计算得出，故实用计算是切实可用的。应着重讲清纯剪切的应力和变形及其规律。剪应力互等定律要求通过以后有关章节的学习熟练掌握。对于圆周扭转的平面假设不适用于非圆截面轴，应做简单说明。

刚度条件：圆轴扭转时，不仅要满足强度条件，还应有足够的刚度。否则将会影响机械的传动性能，也会使机器在运转中产生较大的振动。因此，工程上要求轴的最大单位扭转角不超过许用的单位扭转角［θ］。

圆轴扭转的强度和刚度条件都可以解决三类问题，即设计截面尺寸，校核强度、刚度和求允许传递的功率或力偶矩。通过例题、练习和作业熟练掌握强度和刚度计算。本课题中给出了具体情形下具体量的计算公式，记住并会使用这些公式，强调单位的统一，要求学生在学习和作业中体会。分阶段进行比较、总结，提高学生对重点、难点的掌握。

思考与练习答案

一、填空题

在垂直于杆件轴线的平面内作用有力偶、各横截面绕轴线作相对转动

二、选择题

C

三、计算题

1．解：空心圆轴在扭转线 OA 上剪应力分布图

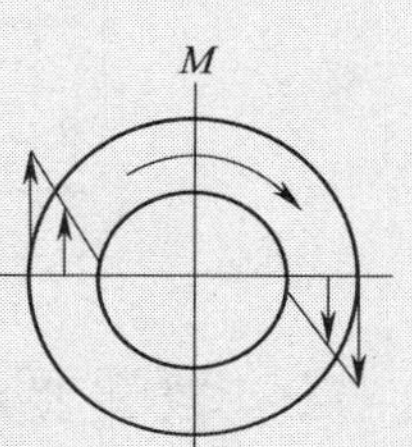

2．解：(1) 画扭矩图

按计算扭矩的规律算得各段扭矩，画扭矩图（略），从扭矩图可以看出，危险截面在 AB 段内，且

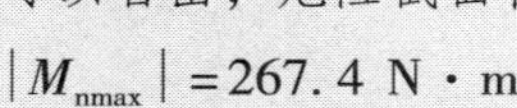

$|M_{\text{nmax}}| = 267.4\ \text{N}\cdot\text{m}$

(2) 按强度条件设计轴的直径

$$\tau_{\max} = \frac{M_{\text{nmax}}}{W_{\text{n}}} = \frac{267.4 \times 10^3}{0.2d^3} = 62\ \text{MPa} \geqslant 40\ \text{MPa}$$

所以轴不能满足强度条件，强度不够。

课题五　直梁的弯曲

一、教材分析及教学流程

杆件的基本变形形式有四种，即轴向拉伸或压缩变形、剪切变形、扭转变形和弯曲变形，其中弯曲部分的内容最多也最为复杂，是学生在材料力学学习中遇到困难最多的一部分内容。多数学生缺乏实践经验和感性认识，在弯曲部分内容的学习上有一定的困难，从而降低了学习兴趣。弯曲是材料力学的重点内容，必须学好。其讨论的内容和步骤同样是外力、内力、应力、强度条件以及变形、刚度条件。作剪力图和弯矩图是材料力学的基本功，必须熟练掌握梁受典型载荷作用时的剪力图和弯矩图的绘制（不要求画梁受过分复杂载荷时的剪力图和弯矩图）。

本课题教学流程如图 7—8 所示。

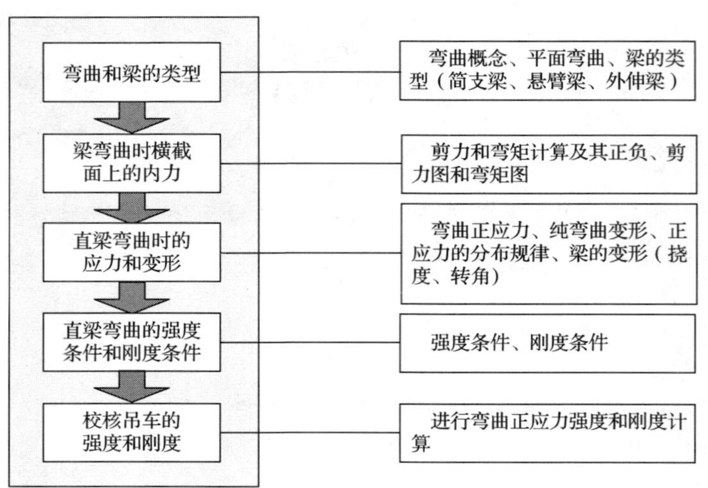

图 7—8 教学流程

二、教学要求

1. 了解弯曲和梁的类型。

2. 掌握弯曲强度条件和刚度条件及计算。

3. 能够绘制剪力图和弯矩图。

三、教学重点和难点

1．重点

弯曲内力、剪力图、弯矩图、弯曲正应力、强度条件、弯曲刚度条件。

2．难点

会计算集中载荷下各种梁的内力，会进行弯曲正应力强度条件和刚度条件计算。

四、教学建议

直梁弯曲是工程力学中杆件四种变形的形式之一，是一种常见且与生命安全有直接关系的变形。这部分内容只做一般性讲解，在讲解时对照扭转、扭矩、扭矩图、扭转应力、强度条件、弯曲刚度条件，可起到触类旁通的作用。教学重点是能够绘制剪力图和弯矩图，掌握弯曲强度条件和刚度条件计算。

1．弯曲和梁

杆件受到垂直于轴线的外力作用，其轴线将由直线变为曲线，这种形式的变形称为弯曲变形。凡是以弯曲变形为主的杆件通常称为梁。梁变形以后的轴线将是在纵向对称面内的一条平面曲线，这种情况称为平面弯曲；若这些外力只是一对等值反向的力偶时，则称为纯弯曲。梁的类型如下：①简支梁：一端为固定铰链约束，另一端为活动铰链约束的梁；②悬臂梁：一端固定，另一端自由的梁；③外伸梁：具有一个或两个外伸部分的简支梁。

2．剪力和弯矩

计算剪力和弯矩的规律。梁内任一截面上的剪力，等于截面一侧（左或右）梁上外力的代数和；梁内任一截面上的弯矩，等于截面一侧（左或右）梁上外力对该截面形心力矩的代数和。为使截面上的内力的符号不因研究对象不同而改变，对剪力和弯矩的符号做如下规定：在所切横截面的内侧切取微段，凡使该微段有沿顺时针方向旋转趋势的剪力为正，使微段弯曲变形凹面向上的弯矩为正。

通常先以梁的左端为坐标原点，以梁轴线为 x 轴，一般取向右为正。再以集中载荷和集中力偶的作用点、分布载荷的起讫点以及梁的支承点为界点，将梁分成几段。分段后列出各段的剪力方程和弯矩方程，并分别求出各分界点处截面上的剪力值和弯矩值。最后把算得的 Q、M 值作为纵坐标画在与截面位置相对应的上下两侧，再把各个纵坐标的端点连接起来，由此而得到的图形，称为梁的剪力图和弯矩图。剪力图上任一点的纵坐标代表与此点相对应的梁横截面上的剪力值；弯矩图上任一点的纵坐标代表与此点相对应的梁横截面上的弯矩值。作图时，一般把正的剪力和弯矩画在基线（x 轴）的上侧，负的剪力和弯矩画在基线的下侧。

明确弯矩正负号的物理意义。弯矩虽然是以力偶的形式出现，但它是梁横截面上的一种内力，与理论力学中使物体产生转动效应的力偶有本质的区别。因此两者正负号规定的方法也就不同。截面上的弯矩使截面的邻近微段上部受压，下部受拉时取正号，反之取负号。为此，课堂上必须着重强调，截面上弯矩 M 的正负，不能视其转向，而是看它使截面邻近微段产生的变形来确定其正负的。

画出正确的弯矩图。制作弯矩图时存在的问题较多，究其原因，主要是求弯矩方程没有掌握好。所以要保证做出正确的弯矩图，列弯矩方程是关键。在此将其归纳为四点：

（1）首先对梁的几何形状、约束条件和荷载情况进行简化，简化成便于分析的力学模型，并求出约束反力。

（2）按照梁上载荷情况划分梁段。分配原则：以集中力、力偶的作用位置及分布载荷的起点和终点为分界点。

（3）选取坐标原点，建立坐标系，取梁的轴线为 X 轴，以 X 坐标表示梁横截面的位置。坐标原点一般取梁的任一端点，有时也可选取梁上任意点。但为了便于计算，可根据具体情况选取恰当的一点作为原点。如悬臂梁取自由端作为原点，就可省去求固定端的约束反力这一步。另外，对于多段梁可以选取梁上同一点作为各梁段的原点，这样方程中表示截面位置的变量 X 不至于弄错。

（4）取脱离体，列出弯矩方程式。用截面法假想将所求梁段截开，取包含坐标原点的梁段为脱离体，在截面上画出弯矩 M（一般按正弯矩画出），然后根据平衡条件，使脱离体上所有力及力偶对截面形心点的力矩代数和为零，这个等式就是所求梁段的弯矩方程式。对整个梁来说，弯矩方程是一个分段的函数式，在计算过程中必须注意截面位置 X 的取值范围。有了弯矩方程式，就可描点做出弯矩图。

3．弯曲正应力

一般情况下，梁的横截面上既有剪力，也有弯矩。所以，梁的横截面上同时存在弯曲剪应力和弯曲正应力。由于剪力产生的剪应力对梁的影响较小，可以忽略不计，故在研究弯曲应力时，可只研究弯曲产生的正应力。只有弯曲作用而没有剪切作用的梁，称为纯弯曲梁。

纯弯曲梁横截面上只有正应力，梁的凸边纤维伸长，应为拉应力；梁的凹边纤维缩短，应为压应力。则正应力的分布规律为横截面上各点正应力的大小，与该点到中性轴的距离成正比。中性轴处的正应力为零。对于等截面梁，梁内最大正应力发生在弯矩最大的横截面（称危险截面）上，且离中性轴最远的上、下边缘处。

区分中性轴与对称轴的概念。往往“中性轴”和“对称轴”易混淆，以至影响梁的横截面上最大正应力计算公式的使用。这两者之间到底是什么关系呢？直梁受外力作用后其变形特点是梁的一部分被拉长，而另一部分被压缩变短，根据变形的连续性原理可知，在梁上必定存在着一层纤维，既不伸长也不缩短，该层称为“中性层”。而中性轴就是指中性层与梁横截面的那条交线。对于梁的横截面来说，根据定义可确定中性轴就是 z 轴，所以 z 轴在此具有双重性。在工程实际中遇到的梁其横截面多是双向对称图形，中性轴和对称轴是重合的，这样会使我们形成“梁的横截面的对称轴就是中性轴”的错误概念。中性轴 z 绝不是梁截面的对称轴。所以，在一般情况下中性轴和对称轴是梁横截面上的两条线，只有特殊情况下它们才重合成为一条线。为了既准确又迅速地找到中性轴，可以这样描述：“中性轴是指在梁的横截面内和梁所受外力的作用线始终垂直，且通过截面图形的一条线。”利用这个规律既可以准确地找到中性轴的位置，也可以用定义判定其位置后用它来检验中性轴是否找得正确。

4．梁的变形

在汽车中，某些机械或结构的构件，不但要具有足够的强度，还要具有足够的刚度。如果梁的变形过大，不符合刚度要求，尽管其工作应力不超过许用应力，梁也是不适用的。梁的变形可用两个基本量来度量：挠度、转角。

5．强度条件和刚度条件

该内容是学生相对较难掌握的知识。根据学生情况，多举生活中的实际例子，可帮助引导学生快速进入教学情境。例如，在学习到梁的强度时，提出生活实例：“为什么扁担中间粗两头细”，根据学生的思考惯性，他们可能认为这是天经地义的，中间粗就不容易断。再进一步思索到工程中的“鱼腹梁”等构件，通过一个实例，使学生从简单的生活常识中认识到工程中的实际问题。化难为易，引导学生能较好地理解和掌握这节的内容，真正实现该知识点的教学目标。

6．提高弯曲强度的主要措施

直梁的受力特点、变形特点、常见梁的类型、梁受载后引起的内力状态，根据弯矩图确定整个梁上的危险截面及其截面上正应力的分布规律，以及解决强度校核、选择截面和确定许可载荷三大类问题等内容，所有这些其最终目的是解决安全与经济之间的矛盾。在材料消耗最低的前提下，如何来提高梁的承载能力，从而满足既经济又安全的要求。如提高弯矩强度的一个措施——合理安排了加载方式，才使得虽然增加了外载荷，而横梁上的最大弯矩值 M_{max} 却没有增大，仍能满足弯曲强度条件；再比如选择合理的截面形状、采用等强度梁这两个措施，都是既实际又有趣的知识，作为一名技术工人见到一些构件（如阶梯轴、鱼腹梁）的设计原理；铁路和仓库经常使用的龙门吊车大梁及锅炉的支承点都不在两端而是向里移了一段距离等现象，自己就会心中有数，为将来搞一些技术革新奠定一定的基础。所以，掌握好每一种提高梁弯曲强度的具体措施以及原因，是很有必要的。

思考与练习答案

一、简答题

1．答：杆件受到垂直于轴线的外力作用，其轴线将由直线变为曲线，这种形式的变形称为弯曲变形。

2．答：梁的类型有简支梁、悬臂梁、外伸梁。

3．答：直梁弯曲的强度条件为：$\sigma_{max}=\dfrac{M_{max}}{W_z}\leqslant[\sigma]$

直梁弯曲的刚度条件为：

$$\begin{cases}\theta_{max}\leqslant[\theta]\\ y_{max}\leqslant[y]\end{cases}$$

二、计算题

1．解：(1) 画扭矩图

按计算扭矩的规律算得各段扭矩，画扭矩图（略），从扭矩图可以看出，危险截面在 AB 段内，有：

$$|M_{\text{nmax}}| = 267.4\ (\text{N}\cdot\text{m})$$

（2）按强度条件设计轴的直径

$$\tau_{\max} = \frac{M_{\text{nmax}}}{W_{\text{n}}} = \frac{267.4\times10^{3}}{0.2d^{3}} = 61\ (\text{MPa})\ \geqslant 40\ (\text{MPa})$$

所以轴不能满足强度条件，强度不够。

2. 解：（1）求最大弯矩

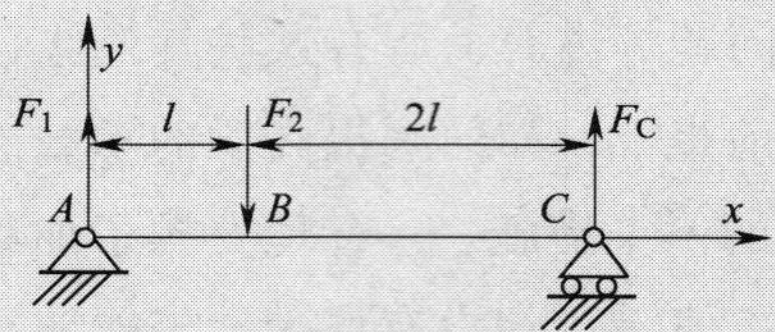

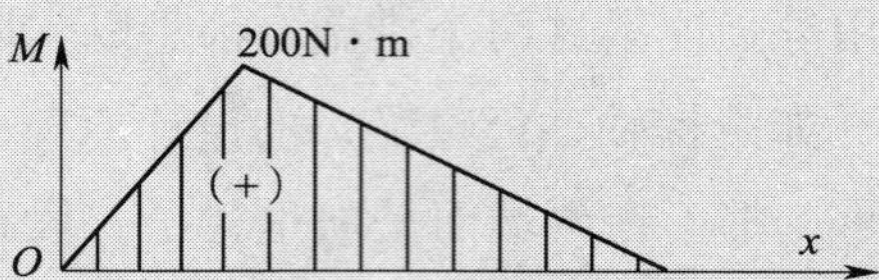

压板可以简化成图 c 所示的简支梁，由平衡方程 $\Sigma M_{\text{A}}(F)=0$，$\Sigma F_{\text{y}}=0$ 求得 $F_2=6$ kN，$F_{\text{C}}=2$ kN。计算弯矩 $M_{\text{w}}=F_1x$，$x=L$ 时弯矩最大，即最大弯矩在截面 B 处 $M_{\text{wmax}}=F_1L=4\times10^{3}\times50\times10^{-3}=200$ N · m。

（2）进行强度校核

由强度条件 $\sigma_{\max} = \dfrac{M_{\max}}{W_{\text{z}}} \leqslant [\sigma]$

由题知 $W_{\text{z}} = 1\,500\ (\text{cm}^3)$

所以

$$\begin{aligned}\sigma_{\max} &= \frac{M_{\max}}{W_{\text{z}}}\\ &= \frac{200}{1\,500\times10^{-6}}\\ &= 0.133\times10^{6}\ (\text{Pa})\\ &= 0.133\ (\text{MPa}) \leqslant [\delta] = 150\ (\text{MPa})\end{aligned}$$

所以，该压板强度符合要求。

模块八
轴系零件

课时分配表

教学内容	总学时	理论学时	实训学时
模块八　轴系零件	18	16	2
课题一　轴	4	4	
一、轴的功用与分类		1	
二、轴的材料		1	
三、轴的结构		2	
课题二　滚动轴承	4	4	
一、滚动轴承的结构 二、滚动轴承的类型及特点		2	
三、滚动轴承的代号 四、滚动轴承的选用 五、汽车滚动轴承的装拆与调整		2	
课题三　滑动轴承	2	2	
一、滑动轴承的特点 二、滑动轴承的类型		1	
三、滑动轴承的结构和材料 四、滑动轴承的润滑		1	
课题四　联轴器与离合器	5	4	1
一、联轴器		2	0.5
二、离合器		2	0.5
课题五　制动器	3	2	1
一、湿式多片制动器 二、带式制动器		1	
三、盘式制动器		1	1

轴系零件是机器设备不可缺少的零部件，汽车这台机器设备在运转时靠其内部的各种传动机构和与各种零部件配合来传递运动和动力，其中的零部件基本上归属于轴系零件。轴系零件主要包括轴、轴承、联轴器、离合器、制动器、键、销等，本模块要学习的内容共分为五个课题，即轴、滚动轴承、滑动轴承、联轴器和离合器、制动器，重点要学习它们的结构类型、功用、特点、选用。培养运用标准、规范、手册、图册等有关技术资料的能力。

课题一　轴

一、教材分析及教学流程

轴是轴系零件中的主要零件，是运转的机器不可缺少的部分，汽车上涉及的轴比较齐全，本课题主要学习轴的功用、分类、轴的材料、轴的结构等内容。本课题的重点是轴的结构。

本课题教学流程如图 8—1 所示。

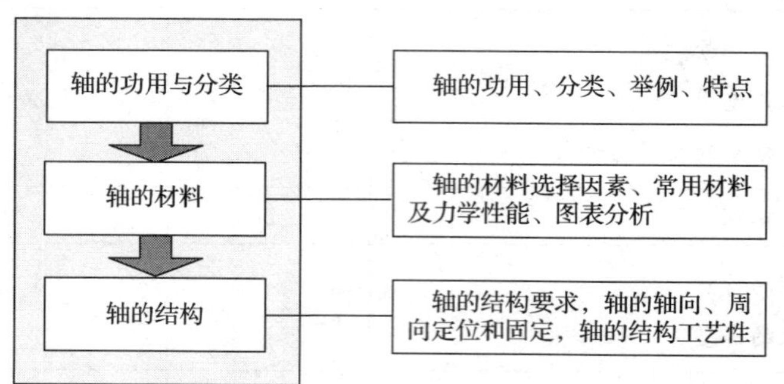

图 8—1　教学流程

二、教学要求

1. 了解轴的功用、类型、材料和结构等知识。
2. 掌握轴上零件的轴向、周向固定方法。
3. 了解常用轴的结构特点及工艺要求。

三、教学重点和难点

1. 重点

轴的结构分析；轴上零件的轴向、周向固定方法。

2．难点

常用轴的结构特点及工艺要求。

四、教学建议

学习本课题可结合多媒体课件，结合汽车上的一些实物，比如曲轴、变速器中的直轴等，也可结合现场讲解。

1．轴的功用与分类

轴是保证机器正常工作的重要零件之一。凡是作回转运动的零件（如凸轮、齿轮、带轮等）都必须用轴来支承才能实现运动和动力的传递。

轴的功用主要是支承回转零件，并传递运动和动力。

轴总体可通过下面的形式进行分类：

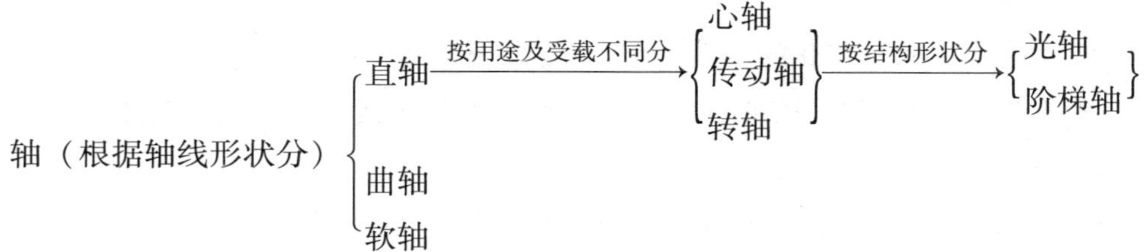

上图中的各种形式的轴通过举例说明，对于直轴根据所起的作用和承受载荷的性质不同可分为三大类，具体见教材表8—1—1，分析此表中的三种轴的受力及特点。

2．轴的材料

轴的材料主要做一般性的讲解，教师要引导学生学会看教材表8—1—2轴的常用材料及其力学性能，告诉学生怎么去查表，表中的有关数据都已标准化，这些在机械零件设计手册中查取。要让学生知道不同材料具有不用的力学性能，选择什么样的材料，对工件来讲很重要。

3．轴的结构

这里讲的轴主要是阶梯轴，也就是常用轴，要掌握轴的结构首先必须知道轴的结构要求：轴上的零件应有可靠的定位和固定；轴应便于加工和尽量避免或减少应力集中；轴上零件应便于安装和拆卸。

其次从轴上零件的固定讲起，轴上零件的固定分轴向固定和周向固定。

（1）轴向定位和固定

轴上零件轴向定位和固定的目的，在于保证零件在轴上有确定的轴向位置，防止零件轴向移动，并能承受轴向力。轴上零件的轴向固定方法及应用见教材表8—1—3。分析此表，通过结构简图、特点认识轴的轴向结构。

轴向固定方法有轴肩、轴环、圆锥面、轴端挡圈、轴套、圆螺母、弹性挡圈、紧定螺钉等。

(2) 轴上零件的周向定位和固定

轴上零件周向定位和固定是为了保证零件传递转矩和防止零件与轴产生相对转动。

常用的周向定位方法有键连接、销连接、螺钉连接和过盈配合连接等。

常见轴上零件的周向固定方法如教材图 8—1—7 所示，分析此图，通过结构简图认识轴的周向结构。

4．轴的结构工艺性

轴在其加工、装配、使用维修过程中仍需要对其结构提出某些要求，即轴的结构工艺性要求。主要内容如下：

(1) 为了减小应力集中，轴径变化尽可能小，阶梯轴相邻两轴段直径相差不应过大，一般为 5 ~ 10 mm。

(2) 轴上截面尺寸变化的位置应有倒角或过渡圆角，过渡圆角半径应尽可能大些，当轴上有多处倒角或过渡圆角时，尽可能选同样的倒角或圆角半径，以减少刀具规格和换刀次数。

(3) 轴上有多个键槽时，应尽可能将其安排在同一直线上，避免多次装夹。

(4) 轴上需切制螺纹或磨削时，要留有退刀槽和越程槽。

(5) 阶梯轴的直径应中间大并向两端逐渐减小，便于轴上零件的装拆。

通过以上轴的两种固定方法，以及轴的工艺性要求，给出轴的结构图形，借助多媒体图形进行综合分析。

教学互动

1．在教材图 8—1—8 中，零件的轴向固定方法有哪些?

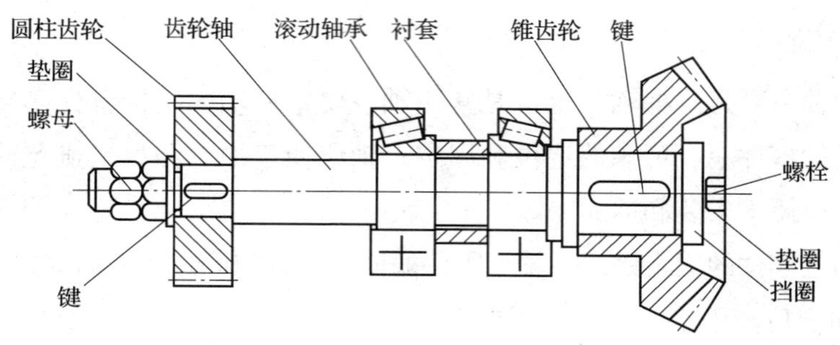

图 8—1—8　轴的结构

答：圆螺母、弹性挡圈、轴肩、轴环、轴端挡圈。

2．在教材图 8—1—8 中，零件的周向固定用到了哪些方法?

答：键连接、过盈配合。

3. 在教材图 8—1—8 中，轴有哪些结构考虑到了工艺性要求?

答：过渡圆角、中心孔、阶梯轴、越程槽、过渡处直径差距不大。

思考与练习答案

一、选择题

1. B　2. A

二、填空题

1. 心轴、传动轴、转动轴

2. 直轴、光轴、实心轴

3. 轴肩和轴环、圆螺母、紧定螺钉

三、判断题

1. ×　2. √

四、连线题

请对应下面轴和受力情况进行连线：

只受扭转作用 —— 传动轴

只受弯曲作用 —— 心轴

同时受扭转与弯曲作用 —— 转轴

课题二　滚动轴承

一、教材分析及教学流程

轴承是汽车传动中重要的支承零件，它是广泛应用的通用零件，它的作用是支撑转动（或摆动）的运动部件。根据工作时摩擦性质的不同，轴承分为滑动轴承和滚动轴承两大类。本课题的学习内容主要有滚动轴承的结构、类型、代号、特点、选用以及滚动轴承的装拆与调整方法。本课题的重点是滚动轴承的结构、类型、代号及特点。同时要了解滚动轴承的相关国家标准和选用原则。熟悉汽车滚动轴承的装拆与调整方法。

本课题教学流程如图 8—2 所示。

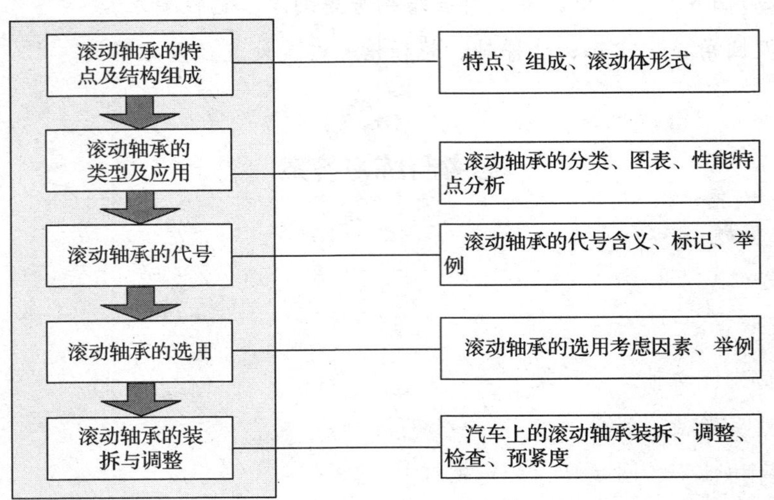

图 8—2 教学流程

二、教学要求

1. 掌握滚动轴承的作用、结构、类型及特点。
2. 熟悉滚动轴承的代号。
3. 了解滚动轴承的选用原则。
4. 熟悉汽车滚动轴承的装拆与调整方法。

三、教学重点和难点

1. 重点

滚动轴承的结构、类型、代号及特点。

2. 难点

滚动轴承的代号，汽车滚动轴承的装拆与调整方法。

四、教学建议

滚动轴承是各类机器中广泛应用的重要部件，它是通用零件，教师在讲课前准备好汽车上使用的不同类型的滚动轴承实物，同时准备好教学课件，将滚动轴承上的有关国家标准、图标展示给学生，让学生知道滚动轴承是一个标准件。

1. 滚动轴承的特点

先做一般性的介绍，等学完本课题内容后再回过头来体会它的特点。

2. 滚动轴承的结构

采用实物和结合教材图 8—2—2 来讲解比较清楚明了，容易掌握。分析它的结构组成，即滚动轴承是由内圈、外圈、滚动体和保持架组成，内圈装在轴颈上，与轴一起转动。外圈装在机座的轴承孔内，一般不转动。内外圈上设置有滚道，当内外圈之间相对旋转时，滚动体沿着滚道滚动。保持架使滚动体均匀分布在滚道上，防止滚动体之间的碰撞和摩擦。

讲清楚滚动体主要有以下几种形式（见教材图 8—2—3），球、螺旋滚子、圆锥滚子、圆柱滚子、滚针、鼓形滚子。告诉学生滚动体不同轴承类型就不同，同一种滚动体也有不同系列轴承。

3．滚动轴承的类型及特点

滚动轴承分类主要从两个方面入手：

（1）按所能承受载荷的方向或公称接触角 α 分为向心轴承、向心角接触轴承（向心推力轴承）、推力角接触球轴承（向心推力轴承）、轴向角接触球轴承，举例说明。

（2）按滚动体的种类分。按滚动体的种类分比较细、种类多，用图标讲较为清楚，见教材表 8—2—1。和学生一起学习和分析此表，告诉学生此表都是根据国家标准来的，可查阅机械零件设计手册得知。每一种类型的轴承都有它的性能特点，结合教材表 8—2—1 讲解。

4．滚动轴承的代号

首先知道轴承的类型很多，每种类型又有不同的结构、尺寸、精度和技术要求。为了便于组织生产、设计和选用，GB/T 272—1993 规定了滚动轴承代号的结构及表示方法。然后介绍滚动轴承代号内容。

滚动轴承代号由前置代号、基本代号和后置代号构成。可用图 8—3 图解法讲解。

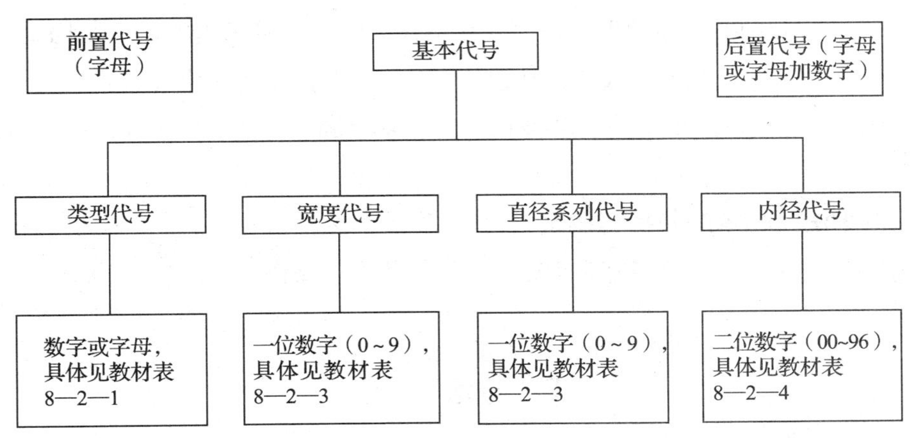

图 8—3　图解法

以上具体内容根据教材，结合表来讲解。然后列出实例讲解。

【例 8—1】　试说明代号为 6203、30310/P6X 的滚动轴承的意义。

答：

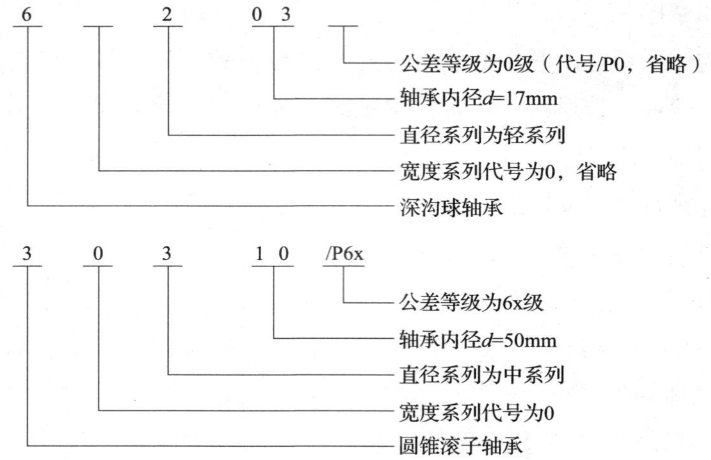

教学互动

说明下列轴承代号的含义。

6005　　30316/P4

答：6005 表示深沟球轴承，轴承内径为 20 mm，宽度系列、直径系列代号均为 0。

30316/P4 表示圆锥滚子轴承，轴承宽度系列代号为 0，直径系列代号为 3，内径为 80 mm，公差等级为 P4 级。

5．滚动轴承的选用

这部分内容教师要引导学生，根据教材中提出的选用轴承类型的六个因素来分析讲解，结合一些实例，比如斜齿轮传动选什么轴承？蜗杆传动选什么轴承？

选用原则：轴承所受的载荷、轴承的转速、轴承调心性能、轴承尺寸、轴承刚度、经济性。

6．汽车滚动轴承的装拆与调整

讲解这部分内容，教师可把学生带到现场，边讲边操作。

思考与练习答案

一、选择题

1. B　2. C　3. C

二、连线题

请根据工作情况选择滚动轴承：

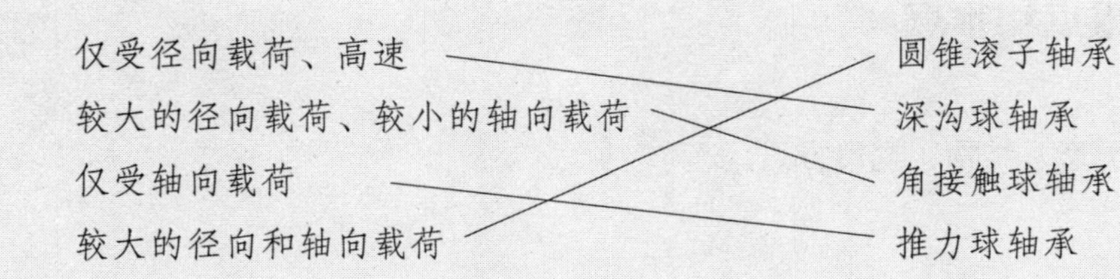

课题三　滑动轴承

一、教材分析及教学流程

滑动轴承是轴承中除滚动轴承以外的另一种形式的轴承，它有不同于滚动轴承的一些优点，本课题主要学习滑动轴承的特点、类型、结构、材料、润滑等内容。重点是滑动轴承的类型、结构、润滑方式。

本课题教学流程如图 8—4 所示。

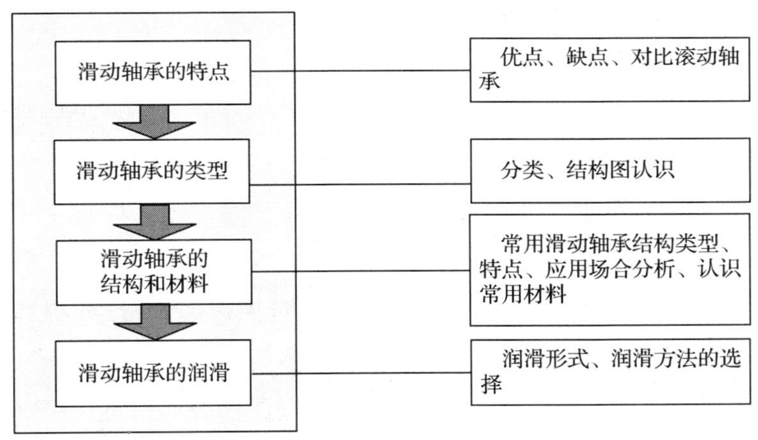

图 8—4　教学流程

二、教学要求

1. 了解滑动轴承的特点。
2. 熟悉滑动轴承的类型、结构、材料等知识。
3. 掌握滑动轴承的润滑方式。

三、教学重点和难点

1. 重点

滑动轴承的类型、结构、润滑方式。

2. 难点

滑动轴承的结构、润滑方式。

四、教学建议

本课题讲解结合汽车发动机上的活塞连杆和曲轴实例，教学中采用多媒体课件、实物，教学的重点主要讲对开式滑动轴承的结构、特点、润滑方法。

1. 滑动轴承的特点

与前面滚动轴承特点对照起来学习，可通过提问的方式，让学生回答滚动轴承的优点和缺点，然后由此引出滑动轴承的优点和缺点。

2. 滑动轴承的类型

通过教材中滑动轴承的结构图形引出滑动轴承的分类。

（1）滑动轴承按其承受载荷的方向不同分类

1）径向滑动轴承，主要承受径向载荷。

2）推力滑动轴承，只承受轴向载荷。

（2）滑动轴承按摩擦（润滑）状态分类

1）液体摩擦轴承（完全液体润滑轴承）。

2）非液体摩擦轴承（不完全液体润滑轴承）。

3. 滑动轴承的结构和材料

（1）径向滑动轴承

1）整体式滑动轴承（见教材图 8—3—4，通过课件展示）。分析其结构、特点、应用场合。

2）对开式滑动轴承（见教材图 8—3—5，通过课件展示）。重点分析其结构、特点、应用场合。

3）自动调心轴承（见教材图 8—3—6，通过课件展示）。分析其结构、特点、应用场合。

（2）推力滑动轴承

推力滑动轴承结构可分为三种形式：

1）实心端面推力滑动轴承（见教材图 8—3—7，课件展示）。分析其结构、特点。

2）空心端面推力滑动轴承（见教材图 8—3—7，课件展示）。分析其结构、特点。

3）多环推力滑动轴承（见教材图8—3—7，课件展示）。分析其结构、特点。

工程塑料滑动轴承，相对于PTFE（聚四氟乙烯）涂层金属滑动轴承，高聚物塑料滑动轴承价格便宜，最多可达50%。

（3）滑动轴承的材料

这部分内容主要让学生熟悉滑动轴承的主要失效形式：磨损、胶合、疲劳破坏等，对轴承材料提出要求，根据要求提出常用材料，做一般性的介绍。

4．轴瓦的结构

通过课件图形、实物，具体分析一下轴瓦的结构。这部分内容也可放在对开式滑动轴承部分讲解。

5．滑动轴承的润滑

滑动轴承润滑对这部分内容是重点，滑动轴承工作时需要有良好的润滑，这对减少摩擦，提高效率，减少磨损，延长寿命，冷却和散热以及保证轴承正常工作十分重要。所以根据滑动轴承的工作条件，选择不同的润滑方式尤为重要。

思考与练习答案

一、选择题

1. A　2. C

二、填空题

1. 径向滑动轴承、推力滑动轴承

2. 轴承座、轴承盖、对开式轴瓦、垫片

三、判断题

1. √　2. ×　3. ×

四、连线题

请根据工作情况选择滑动轴承：

低速、轻载 —— 整体式向心滑动轴承

高速、重载 —— 对开式向心滑动轴承

课题四　联轴器与离合器

一、教材分析及教学流程

联轴器和离合器是轴系零件中常用的零部件，它们的功用主要是实现轴和轴之间的结合和分离，并传递转矩。它们大多已标准化、系列化、规格化，一般只需根据工作要求正确选择它们的类型和尺寸。本课题主要介绍常用的联轴器、离合器的功用、类型、结构特点、应用。教材通过列表形式说明比较清楚明了。

本课题教学流程如图 8—5 所示。

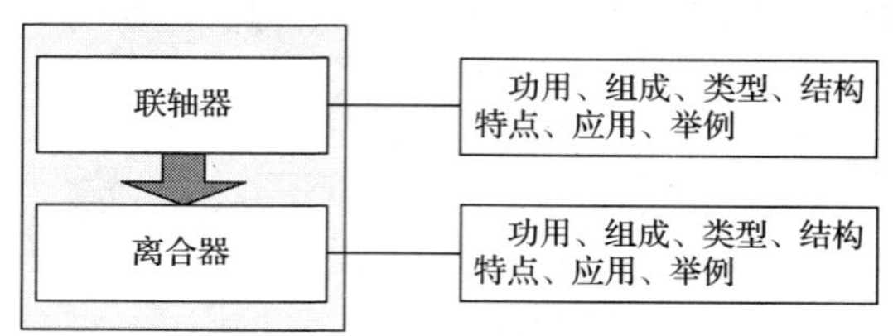

图 8—5　教学流程

二、教学要求

1．了解联轴器和离合器的功用、类型、特点、结构等知识。

2．熟悉联轴器、离合器在汽车上的应用。

三、教学重点和难点

1．重点

联轴器和离合器的类型、结构特点。

2．难点

联轴器和离合器的结构原理。

四、教学建议

本课题对所要学的内容通过列表的形式表现出来，让学生容易学习和掌握，教师要结合多媒体课件、实物进行讲解。

1．联轴器

首先介绍联轴器的功用，然后介绍它的组成和补偿偏移的能力。

功用：联轴器是用来连接两轴，使其一起转动并传递运动和转矩的装置。

组成：联轴器一般由两个半联轴器及连接件组成。

联轴器除了能传递所需的转矩外，还应具有补偿两轴线的相对位移或偏差、减振与缓冲以及保护机器等性能，如图 8—6 所示。

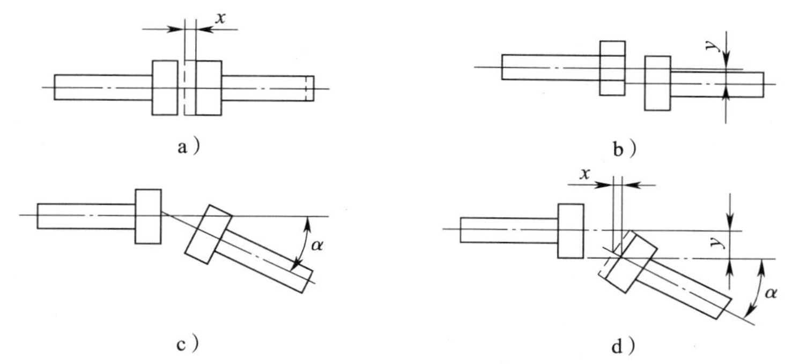

图 8—6　相对位移和偏差

a）轴向位移 x　b）径向位移 y　c）偏角位移 α　d）综合位移 x、y、α

重点分析联轴器的类型、结构特点及应用。见教材表 8—4—1。

教学互动

说明实训车辆中哪些地方用到了联轴器，它们都是什么类型的？

答：汽车传动系中的万向联轴器就是万向节，它是属于偏角位移。

2. 离合器

离合器功用：离合器也是用来连接两轴使其一起转动并传递运动和转矩，它是使机器在运转过程中具有接合或分离功能的装置。

组成：离合器一般由主动部分、从动部分、接合部分、操纵部分等组成。

重点分析常见离合器的类型、结构特点及应用。见教材表 8—4—2。

思考与练习答案

一、选择题

1. D　2. D

二、填空题

1. 传递转矩

2. 摩擦力

三、连线题

对应联轴器的性能进行连线：

固定式刚性联轴器　　靠弹性零件的弹性变形来补偿两轴的相对位移

可移式刚性联轴器　　不能补偿两轴线的相对位移

弹性联轴器　　可以补偿两轴线的相对位移

课题五　制　动　器

一、教材分析及教学流程

本课题主要介绍制动器的功用和汽车上常用的制动器的类型、结构。

制动器也是轴系零件中常用的零部件，它的功用是用来降低机器的运转速度或使其停止，汽车制动系统中的制动器是用来使汽车减速直至停车，或者是防止停放在坡道上的汽车滑溜。它在汽车上的应用起着至关重要的作用。

本课题教学流程如图 8—7 所示。

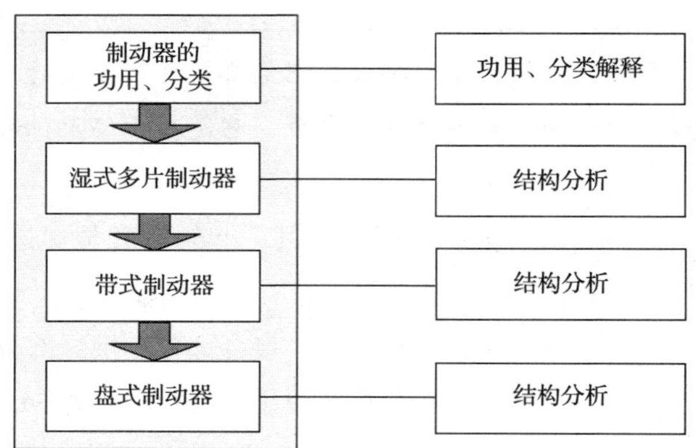

图 8—7　教学流程

二、教学要求

1. 熟悉制动器的类型、特点、结构等知识。
2. 了解制动器在汽车上的应用。

三、教学重点和难点

1. 重点

制动器的类型、结构分析。

2. 难点

汽车上常用制动器的结构分析。

四、教学建议

本课题教师在讲解时要结合多媒体课件、实物进行讲解。有条件的到现场讲解。重点分析制动器的结构，熟悉制动器的类型。

比如在讲汽车上的盘式制动器时，借助于书中的结构图形或多媒体图形，首先引导学生会分析盘式制动器的结构组成，看懂结构原理图，然后分析其结构原理，即让学生懂得汽车产生制动的原理。对于湿式多片制动器和带式制动器结构原理分析方法可同此分析方法。

思考与练习答案

一、选择题

1. A　2. A　3. C

二、判断题

1. √　2. ×　3. √

模块九 连 接

课时分配表

<table>
<tr><th>教学内容</th><th>总学时</th><th>理论学时</th><th>实训学时</th></tr>
<tr><td>模块九　连接</td><td>8</td><td>8</td><td></td></tr>
<tr><td>课题一　键连接</td><td>3</td><td>3</td><td></td></tr>
<tr><td>一、键连接的类型、特点及应用</td><td></td><td>2</td><td></td></tr>
<tr><td>二、花键连接的类型及应用</td><td></td><td>1</td><td></td></tr>
<tr><td>课题二　销连接</td><td>1</td><td>1</td><td></td></tr>
<tr><td>课题三　螺纹连接</td><td>4</td><td>4</td><td></td></tr>
<tr><td>一、螺纹的形成
二、螺纹的类型</td><td></td><td>1</td><td></td></tr>
<tr><td>三、螺纹的主要参数</td><td></td><td>1</td><td></td></tr>
<tr><td>四、常用螺纹的特点及应用</td><td></td><td>1</td><td></td></tr>
<tr><td>五、螺纹连接的预紧和防松</td><td></td><td>1</td><td></td></tr>
</table>

连接在工程机械上可分为可拆连接和不可拆连接，本模块主要介绍的是可拆连接，也是汽车机械上常用的可拆连接，主要内容包括键连接、销连接、螺纹连接。这些连接件都已标准化，所以这里主要学习它们的类型、特点、应用。

课题一　键　连　接

一、教材分析及教学流程

键连接是可拆连接里面重要的连接形式，它的作用是连接轴和轴上的零件，实现周向固定而传递转矩。键连接已是标准连接件，在汽车机械上用得较多，比如汽车变速器、差速器中齿轮与轴之间的键连接，本课题主要学习键连接的类型、特点及应用，重点学习平键、花键。

本课题教学流程如图 9—1 所示。

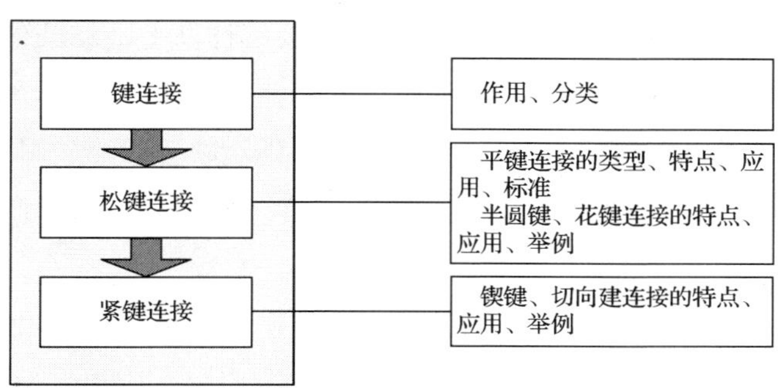

图 9—1　教学流程

二、教学要求

1. 熟悉键连接的类型、特点及应用。
2. 掌握花键连接的类型及应用。

三、教学重点和难点

1. 重点

平键、花键连接的类型及应用。

2. 难点

花键连接的类型及应用。

四、教学建议

本课题在讲解时结合多媒体课件、实物展示给学生，由于键是标准件，在这里要强调国家标准，每一种键连接都有不同的标准，指导学生查阅机械零件设计手册中的有关国家标准，在实际工作中会使用、维护、更换。

1. 键连接的分类

可参照以下分类：

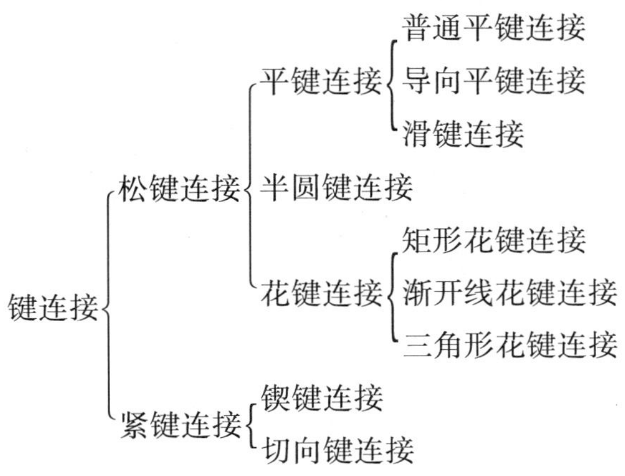

2．松键连接特点及应用

（1）平键连接

平键连接分为普通平键、导向平键和滑键连接三种。平键靠两侧面传递转矩，对中性良好，结构简单，拆卸方便，但不能轴向固定轴上零件。

1）普通平键。普通平键这部分内容是键连接部分最基础的、用得最广泛的连接，所以这部分内容作为重点学习内容。通过图形分析其结构，掌握它们的使用特点和应用场合。

普通平键上、下两面互相平行，两个侧面也互相平行，端部有圆头（A 型）、方头（B 型）和半圆头（C 型）三种类型，其国家标准为 GB/T 1096—2003，GB/T 1567—2003（薄型）。A 型键在键槽中轴向固定好，键与键槽配合较紧，键槽应力集中大，B 型键槽应力集中小，C 型键常用于轴端。

普通平键应用最广，也适用于高精度、高速度或承受交变、冲击载荷的场合，如在轴上固定齿轮、链轮和凸轮等回转零件，薄型平键适用于薄壁零件。

2）导向平键。对于轴上安装的零件需要沿轴向移动时，可采用导向平键。导向平键比普通平键长，其端部形状有 A 型和 B 型两种，用图形分析。国标为 GB/T 1097—2003。举例：如变速箱中的滑移齿轮。

3）滑键。当轴上零件的轴向移动量很大时，导向平键将很长，不易制造，这时可采用滑键，用图形分析。滑键连接的特点：键固定在轮毂上，并与轮毂一起在轴上的键槽中滑动，滑键未标准化。

（2）花键连接的类型及应用

花键连接由轴上加工出外花键和毂上加工出内花键组成，结合多媒体、用图形分析。键齿侧面为工作面，工作时靠齿的侧面相互挤压传递转矩。花键已标准化，按齿形不同，分为矩形花键、渐开线花键、三角形花键三种；按花键孔与花键轴是否能相对位移，分为静连接与动连接两种形式。

分析矩形花键、渐开线花键、三角形花键的结构和特点及应用场合。

3．紧键连接

紧键连接分为楔键连接与切向键连接两类。通过图形、课件、实物分析这两种结构，和松键连接比较不同点，熟悉紧键和切向键的特点及应用场合。

思考与练习答案

一、选择题

1. A　2. A　3. B　4. C

二、填空题

1. 轴、轴上零件

2. 强度

3. 头部

三、连线题

对应下列键与应用情况：

普通平键　　　　用于轴向移动量不大的场合

导向平键　　　　用于轴向移动量较大的场合

滑键　　　　　　应用最广

课题二　销　连　接

一、教材分析及教学流程

销连接也是属于可拆连接，它是紧固件连接，这部分内容介绍得总体较少，它主要介绍销连接的类型、特点及有关应用。

本课题教学流程如图 9—2 所示。

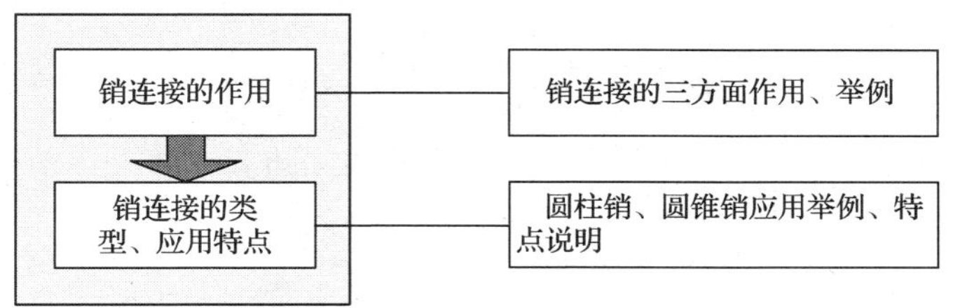

图 9—2　教学流程

二、教学要求

了解销连接的类型、特点及应用。

三、教学重点和难点

1．重点

销连接的作用、类型、应用特点。

2．难点

销连接的类型、应用特点。

四、教学建议

这部分内容较少，只做一般性的介绍。

销连接内容主要从销的类型、销连接的应用特点上做重点介绍。

1．销的类型

- 圆柱销
- 圆锥销
  - 普通圆锥销
  - 内螺纹圆锥销

在讲圆柱销和圆锥销类型时要讲清楚这两种销的不同应用场合，即圆柱销用于被连接件是通孔的连接，且不能经常受拆卸、冲击、振动，磨损会造成间隙，破坏连接效果，降低定位精度和可靠性。而圆锥销可弥补圆柱销的缺点，可经常受拆卸、振动、冲击，磨损造成的间隙可通过锥度调节，当被连接件是盲孔时，可用内螺纹圆锥销连接。

2．销连接的应用特点

这里可结合应用实例讲销连接的应用特点。销连接特点：销连接可用来固定零件之间的相对位置，起定位作用；也可作为安全装置中的过载剪断元件，起过载保护作用；还可用来传递横向力和转矩。

思考与练习答案

对应下面销的类型及作用进行连线：

定位销 —— 用于定位零件

连接销 —— 用于传递横向力或转矩

安全销 —— 用于安全装置中过载切断元件

课题三　螺纹连接

一、教材分析及教学流程

螺纹连接是汽车上用得较多的可拆连接，螺纹连接件也已标准化。本课题主要介绍螺纹的形成、类型、主要参数、螺纹的特点及应用、螺纹的预紧和防松等内容。本课题重点是螺纹的类型、主要参数、特点及应用。

本课题教学流程如图 9—3 所示。

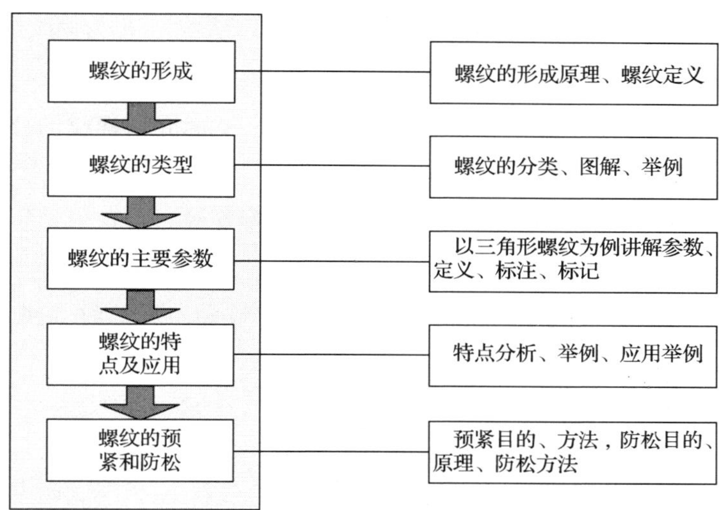

图 9—3　教学流程

二、教学要求

1. 了解螺纹的形成过程。
2. 熟悉螺纹的类型及主要参数。
3. 熟悉常用螺纹的特点及应用。
4. 熟悉螺纹连接的预紧和防松方法。

三、教学重点和难点

1. 重点

螺纹的类型及主要参数、常用螺纹的特点及应用。

2. 难点

螺纹的形成、主要参数、螺纹连接的预紧和防松方法。

四、教学建议

螺纹连接这部分内容在讲解时，结合多媒体课件、实物讲解，对于螺纹的防松和预紧可到现场实地讲解，对于螺纹的类型、特点可通过对比法讲解。

1．螺纹的形成

螺纹的形成原理比较抽象，所以要借助于图形和模型来完成示范，可以用一张白纸按着教材图9—3—2用彩色笔画出来，然后把它圈起来，就可以看出三角形的斜边沿着圆柱体螺旋线方向绕着，形成螺旋线。

即将一直角三角形 abc 绕在直径为 d_2 的圆柱表面上，使三角形底边 ab 与圆柱体的底边重合，则三角形的斜边 amc 在圆柱体表面形成一条螺旋线 am_1c_1。三角形 abc 的斜边与底边的夹角 ψ 称为螺纹升角。若取一平面图形，使其平面始终通过圆柱体的轴线并沿着螺旋线运动，则这平面图形在空间形成一个螺旋形体，称为螺纹。

2．螺纹的类型

知道了螺纹的形成，后面学习起来就容易些了。下面介绍螺纹的分类，要注意以下几个方面：

（1）按螺纹在轴向剖面内的形状不同可分为矩形螺纹、三角形螺纹、梯形螺纹及锯齿形螺纹（见教材图9—3—3）。要注明牙型角。

（2）按螺纹旋线绕行的方向不同可分为右旋螺纹和左旋螺纹（见教材图9—3—4）。要教学生会判断左旋、右旋螺纹。会举例说明。

（3）按螺纹的线数可分为单线螺纹和多线螺纹。

要告诉学生螺旋线的头在端面上是均匀分布的。

3．螺纹的主要参数（见教材图9—3—7）

这里以三角形螺纹（普通螺纹）为例，画出图形，分别讲解教材中的九个参数，即：外径（大径）、内径（小径）、中径、螺距、导程、线数、螺旋升角、牙型角、牙型斜角，讲清楚每个概念，在图上会标注说明，特别要讲清楚螺距、导程、线数之间关系：$S=nP$。

提示：普通螺纹标记由螺纹代号、螺纹公差带代号和螺纹旋合长度代号组成。其中，螺纹代号的标记形式：[特征代号][公称直径]×[螺距]—[旋向]

在国家标准中，粗牙螺纹的每一个公称直径只对应一个螺距，因此不必标出螺距值；而细牙螺纹的每一个公称直径对应着数个螺距，因此必须标出螺距值。

连接螺纹多为右旋，因此右旋螺纹的旋向省略不标注；而左旋螺纹需在尺寸代号之后加注“LH”，并用“—”隔开。

*比如：*M24×1.5、M30—LH

4. 常用螺纹的特点及应用

（1）三角形螺纹

主要要讲清楚粗牙和细牙螺纹有什么不同特点，即公制三角形螺纹的牙型角 $\alpha=60°$，其大径 d 为公称直径。三角形螺纹的当量摩擦系数大，自锁性能好。螺纹牙根部较厚，牙根强度高，广泛应用于各种紧固连接。同一公称直径可以有多种螺距，其中螺距最大的称为粗牙螺纹，其余都称为细牙螺纹。细牙螺纹的升角小，自锁性能好，但牙的工作高度小，不耐磨、易滑扣，适用于薄壁零件、受振动或变载荷的连接，还可用于微调机构中。

（2）管螺纹

只做一般性的了解。

管螺纹牙型角 $\alpha=55°$，以管子的内径（英寸）表示尺寸代号，1 英寸 =25.4 毫米。管螺纹分为非螺纹密封的管螺纹和用螺纹密封的管螺纹。管螺纹适用于管接头、旋塞、阀门等螺纹连接的附件。

（3）矩形螺纹

熟悉：牙型为正方形、牙型角 $\alpha=0°$。其传动效率最高，但牙根强度弱，精加工困难，螺纹牙磨损后难以补偿，传动精度降低，故应用较少。矩形螺纹未标准化，已逐渐被梯形螺纹所替代。

（4）梯形螺纹

熟悉：牙型为等腰梯形，牙型角 $\alpha=30°$。其效率虽较矩形螺纹低，但工艺性好，牙根强度高，对中性好。梯形螺纹广泛用于车床丝杠、螺旋举重器等各种传动螺旋中。

（5）锯齿形螺纹

做一般性的了解。

5. 螺纹连接的预紧和防松

螺纹的预紧和防松，教师事先要准备好预紧和防松的工具和部件，或直接到实习现场操作和讲解，这样学生容易掌握，对概念容易理解。

思考与练习答案

一、选择题

1. A 2. C

二、连线题

1. 对应下面螺纹连接进行连线：

双头螺柱连接 —— 用于被连接件之一较厚或经常拆装的场合

螺栓连接 —— 用于被连接件都不厚且能加工成通孔的零件

螺钉连接 —— 用于受力不大或不经常拆装的场合

2. 对应下面螺纹防松进行连线：

对顶螺母、弹簧垫圈 —— 摩擦防松

止动垫片与圆螺母、串联钢丝 —— 机械防松

冲点、焊接、端铆 —— 永久防松

模块十 液压与气压传动

课时分配表

教学内容	总学时	理论学时	实训学时
模块十　液压与气压传动	26	24	2
课题一　液压传动基本知识	4	4	
一、液压传动系统的组成 二、液压油 三、液压传动的工作原理 四、液压传动系统的特点		2	
五、液压传动系统的应用 六、液压传动的图形符号 七、液压传动的基本参数		2	
课题二　液压泵与液压缸	4	4	
一、液压泵		2	
二、液压缸		2	
课题三　液压控制元件	4	4	
一、方向控制阀 二、压力控制阀		2	
三、流量控制阀 四、液压辅助元件		2	
课题四　液压基本回路	4	4	
一、方向控制回路 二、压力控制回路		2	

续表

教学内容	总学时	理论学时	实训学时
三、速度控制回路 四、制动回路		2	
课题五　汽车典型液压系统分析	4	2	2
一、汽车动力液压转向系统回路图分析 二、QD351型自卸车液压系统的工作情况分析		2	2
课题六　气压传动基本知识	4	4	
一、气压传动系统的组成		3	
二、气压传动系统的特点和应用		1	
课题七　气动基本回路	2	2	
一、气动基本回路		1	
二、气压制动系统分析		1	

液压传动与气压传动在汽车上得到广泛的应用，作为汽车维修与检测专业的学生，必须具备汽车机械所涉及的液压传动和气压传动的基本知识，所以本模块重点要学习液压传动的基本知识、液压元件、液压基本回路及汽车典型液压回路分析。气压传动和液压传动在元件结构原理上、符号上和基本回路上有很多相似之处，所以对气压传动主要是熟悉和了解。

课题一　液压传动基本知识

一、教材分析及教学流程

液压传动基本知识是学习液压传动系统、液压元件、液压基本回路的基础、关键。本课题通过列举汽车上的液压实例，比如发动机润滑系统、常用的工具液压千斤顶，由此引入、展开，学习液压系统的组成、工作介质、工作原理、特点、有关参数及原理。重点学习液压系统的组成及液压传动的工作原理、液压传动的基本参数及其静压传递原理和液流连续性原理的应用，并且培养学生具有一定的分析问题和解决问题的能力。

本课题教学流程如图10—1所示。

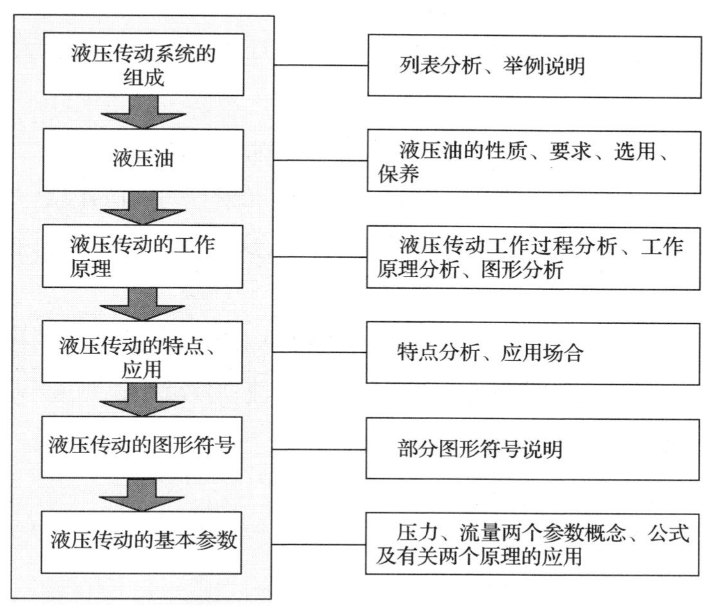

图10—1　教学流程

二、教学要求

1. 掌握液压系统的组成及液压传动的工作原理。
2. 熟悉液压传动系统的工作特点和应用及液压油的性质。
3. 熟悉液压传动的图形符号。
4. 掌握液压传动的基本参数。

三、教学重点和难点

1. 重点

液压系统的组成及液压传动的工作原理，液压传动的基本参数。

2. 难点

液压传动的基本参数及其原理的应用。

四、教学建议

学习本课题时结合多媒体课件，举例汽车上的液压实例，采用一些液压动画，激发学生学习的兴趣，认识到学习液压传动的重要性。

1. 液压传动系统的组成

液压传动系统主要由动力部分、执行部分、控制部分和辅助部分组成。这四个部分的组成通过液压实例引出，然后由列表来讲解它们的名称、功用，并举例说明，较为清楚。

除此之外，液压传动系统中还包括工作介质，液压系统中用量最大的工作介质是液压油。液压油不仅起传递能量和运动的作用，而且对元件及装置起润滑作用。

2．液压油

熟悉和了解液压油的有关知识，重点介绍液压油的黏性。

液体的黏性：液体在外力作用下流动时，由于液体分子间的内聚力而产生一种阻碍液体分子之间进行相对运动的内摩擦力，液体的这种产生内摩擦力的性质称为液体的黏性。

黏性的大小可用黏度来衡量，黏度是指油的稠稀程度，黏度是选择液压油的主要指标，是影响流体流动的重要物理性质。黏度大，流动性就小；黏度小，流动性就大。

液体的黏度通常有三种不同的测试单位。

（1）绝对黏度 μ

绝对黏度又称动力黏度，它直接表示流体的黏性，即内摩擦力的大小。

（2）运动黏度 ν

运动黏度是绝对黏度 μ 与密度 ρ 的比值。

国产液压油的牌号就是用它在温度为40℃时的运动黏度（厘斯）平均值来表示的。例如32 号液压油，就是指这种油在40℃时的运动黏度平均值为32 mm^2/s。

（3）相对黏度

相对黏度是以相对于蒸馏水的黏性的大小来表示该液体的黏性的。

3．液压传动的工作原理

以教材图 10—1—3 所示的液压千斤顶的工作原理简图为例来讲解，同时可借助课件动画演示，先介绍液压千斤顶的结构组成，然后介绍它的工作过程，最后总结出它的工作原理，再得出一般的液压传动的工作原理：以油液为工作介质，依靠密封容积的变化来传递运动，依靠油液内部的压力来传递动力。

这部分内容一定要讲清楚，讲透，这是理解整个液压系统知识的关键，是学习后面液压内容的前提。

在讲小油缸吸油和压油过程时，可举例医生打针用的针筒吸药水和注射过程，从而可帮助理解小油缸是如何吸、压油的。

4．液压传动的基本参数

这部分内容在本节重点学习，要求掌握压力、流量定义，有关它们的公式，两个重要的原理：静压传递的基本原理、液体流动连续性原理，引导学生会应用这两个原理并进行有关计算。

（1）压力

这部分重点要讲清楚压力的定义、公式、单位，以及跟压力有关的静压传递原理（帕斯卡原理）的应用。

公式：
$$p=\frac{F}{A}\ (\mathrm{N/m^2})$$

静压传递的基本原理（帕斯卡原理）：在密闭的容器内施加于静止液体上的压力，将等值传递到液体内的各点。

公式：
$$p_1=p_2\quad \frac{F_1}{A_1}=\frac{F_2}{A_2}$$

举例（静压传递原理应用）：

【例 10—1】 如图 10—2 所示液压千斤顶，已知活塞的面积 $A_1=1\times10^{-4}\ \mathrm{m^2}$，$A_2=5\times10^{-4}\ \mathrm{m^2}$，假定手揿动手柄后，施加在小活塞上的力 $F_1=5\times10^3$ N，试问：大活塞能顶起多重的重物？

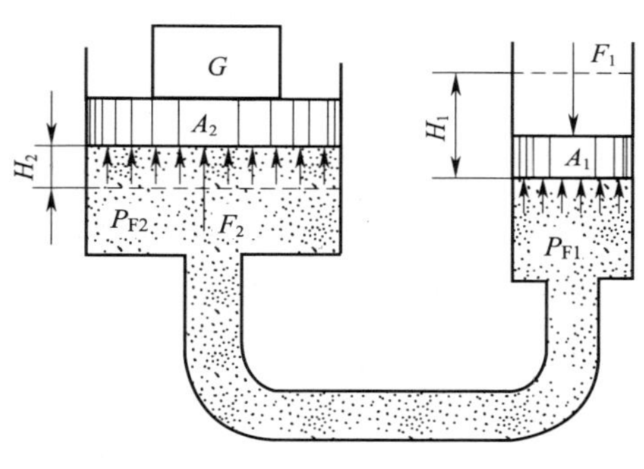

图 10—2　液压千斤顶

解： ①小液压缸内的压力 p_1 为：
$$p_1=\frac{F_1}{A_1}=\frac{5\times10^3}{1\times10^{-4}}=5\times10^7\ (\mathrm{Pa})$$

②大活塞向上的推力 F_2，根据静压传递原理可知 $p_2=p_1$，则：
$$G=F_2=p_2A_2=p_1A_2=5\times10^7\times5\times10^{-4}=2.5\times10^4\ (\mathrm{N})$$

由此可知，通过液体的压力传递，作用力放大了 $\frac{F_2}{F_1}=5$ 倍。

（2）流量

这部分重点讲清楚流量的定义、公式、单位以及跟流量有关的液流连续性原理和该原理的应用。

公式：
$$Q=\frac{V}{t}\ (\mathrm{m^3/s})$$

流量和流速关系　公式：$\bar{v}=\frac{Q}{A}$

液体流动连续性原理：

理想液体在无分支管道内作稳定流动时，单位时间内通过管道中每一横截面的液体流量是相等的，这就是液体连续性原理，如图 10—3 所示。

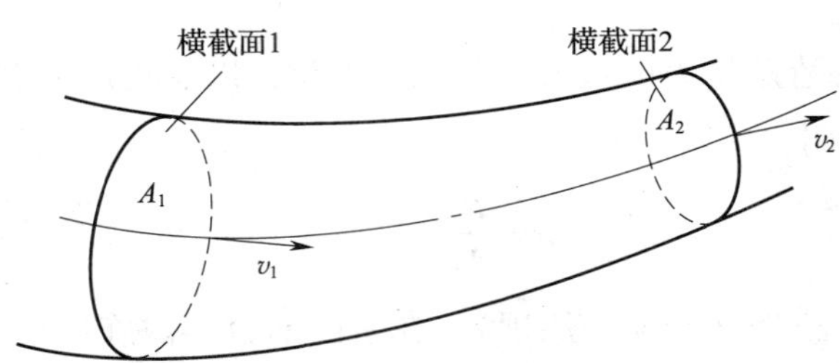

图 10—3　液体流动连续性原理

即：

$$Q_1 = Q_2$$

$$Q_1 = A_1 v_1 \quad Q_2 = A_2 v_2 \quad A_1 v_1 = A_2 v_2$$

举例（液流连续性原理的应用）：

【例 10—2】 如图 10—2 所示液压千斤顶，已知活塞的面积 $A_1 = 1 \times 10^{-4}\ m^2$，$A_2 = 5 \times 10^{-4}\ m^2$，活塞 1 下压的速度为 0.2 m/s。问：大活塞 2 上升速度是多少？

解： ①小活塞 1 所排出的流量 Q_1

$Q_1 = A_1 = 1 \times 10^{-4} \times 0.2 = 0.2 \times 10^{-4}$（$m^3/s$）

②根据液流的连续性原理，推动大活塞 2 上升的流量 $Q_2 = Q_1$，由 $v = \dfrac{Q}{A}$，可得大活塞 2 的上升速度：

$$v_2 = \frac{Q_2}{A_2} = \frac{0.2 \times 10^{-4}}{5 \times 10^{-4}} = 0.04 \text{（m/s）}$$

知识拓展

当管路出现分支时，总流量等于各分支之和，$Q_1 = Q_2 + Q_3$，如图 10—4 所示。

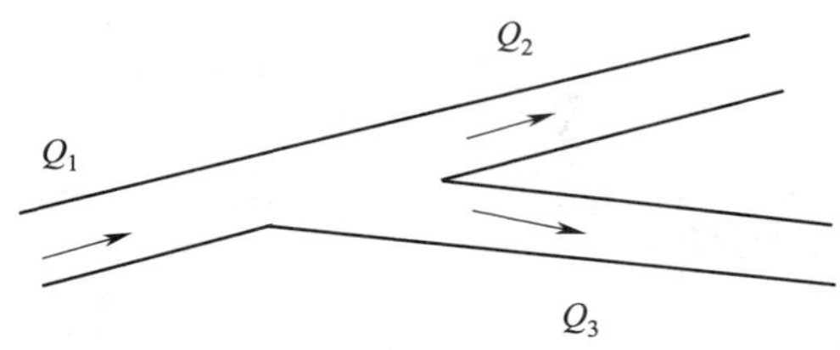

图 10—4　管路分支的流量

思考与练习答案

一、填空题

1. 油液、密封容积交替变化、液体内部压力
2. 动力部分、执行部分、控制部分、辅助部分、油液
3. 黏性、压缩性
4. 压力、流量
5. 在单位时间内，流过其通流截面的液体体积、m^3/s
6. 流速、截面积
7. 液体处于静止状态时，单位面积上受的法向作用力、Pa（N/m^2）
8. 液体、处处相等

二、判断题

1. √　2. √　3. √　4. ×　5. ×　6. √

三、选择题

1. C　2. A　3. B　4. A

四、计算题

解：根据杠杆原理：　$F_1 \times 0.1 = 300 \times 0.4$　　得 $F_1 = 1\,200$（N）

根据静压传递原理：

$$P_1 = P_2 \quad \frac{F_1}{A_1} = \frac{F_2}{A_2} \quad \frac{1\,200}{0.02^2} = \frac{F_2}{0.06^2}$$

$$G = F_2 = 10\,800 \text{（N）}$$

根据液流连续性原理：$Q_1 = Q_2 \quad A_1 v_1 = A_2 v_2$

$$\pi 0.02^2 \times 0.4 = \pi 0.06^2 v_2 \quad v_2 = 0.044 \text{（m/s）}$$

课题二　液压泵与液压缸

一、教材分析及教学流程

液压泵和液压缸是液压系统中两个重要的元件，液压泵是动力部分的元件，液压缸是执行部分的元件，所以本课题重点列出来学习。本课题主要学习液压泵和液压缸的功

能、结构原理、类型、图形符号、特点。重点是液压泵、液压缸的类型、图形符号、作用。

本课题教学流程如图 10—5 所示。

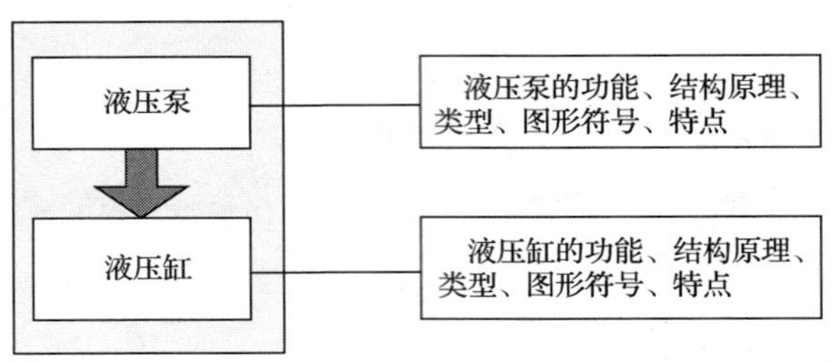

图 10—5 教学流程

二、教学要求

1. 熟悉液压泵的类型、图形符号、作用、结构原理。

2. 熟悉液压缸的类型、图形符号、作用、结构原理。

三、教学重点和难点

1. 重点

液压泵、液压缸的类型、图形符号、作用。

2. 难点

液压泵、液压缸的结构原理。

四、教学建议

教师在讲解时结合多媒体课件、液压动画，熟悉它们的结构原理，采用对比法，学习它们的类型、作用、结构原理以及图形符号。

1. 液压泵

可和学生们一起回顾前面所学的液压千斤顶工作原理图中小油缸工作过程内容，实质上就是油泵的工作原理过程，由此引出油泵的功能。即它的功用是将发动机（或电动机）输入的机械能转化为油液的液压能，是液压系统中的动力源，向液压系统供给液压油。液压泵是整个液压系统的动力元件。

重点分析液压泵的结构原理，利用多媒体课件和液压动画图分析，如图 10—6 所示为凸轮转子式液压泵的结构原理。

由此引出各种液压泵的共同的工作原理：吸油过程密封容积由小到大，内部有真空出现，使得内部压力减小，外界压力大于内部压力而吸油。压油过程密封容积由大变小，使得内部压力增大而压油。

按照此原理来分析齿轮泵、叶片泵、柱塞泵的结构原理，从中找出它们的共同点和不同点，然后理解它们的图形符号的含义。

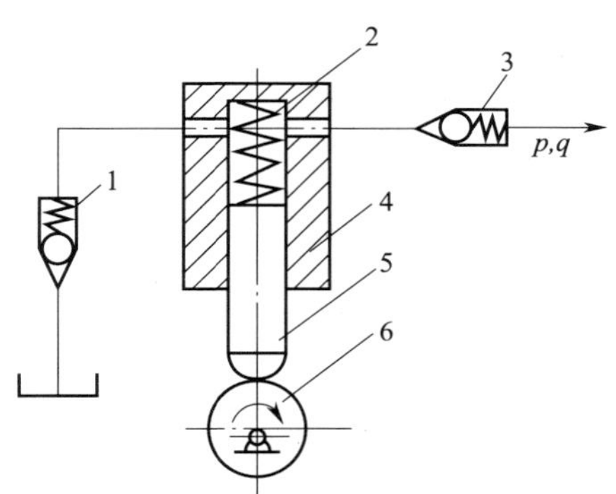

图 10—6　凸轮转子式液压泵的结构原理

1、3—单向阀　2—弹簧　4—缸体　5—柱塞　6—偏心轮（凸轮）

2．液压缸

（1）液压缸的功能

可由前面液压千斤顶中大活塞顶起千斤重的大液压缸的工作过程引出液压缸的功能，即它可以将液压能转变为执行元件的机械能输出。液压缸是液压传动系统中的一种执行元件。

汽车中的液压制动器、液压翻斗车的控制等均用到各式液压缸，它们都是将液压能转化为机械能的。

（2）液压缸的类型、结构和图形符号

液压缸按结构不同可分为活塞式、柱塞式、伸缩式和摆动式液压缸。

以活塞式液压缸为例，分析其结构、工作特点、图形符号。

例如，汽车动力转向系统中使用的液压缸为单杆活塞式液压缸，单杆活塞式液压缸是将机械能的运动输出形式变为直线往复运动。它的结构和图形符号如图 10—7 所示。

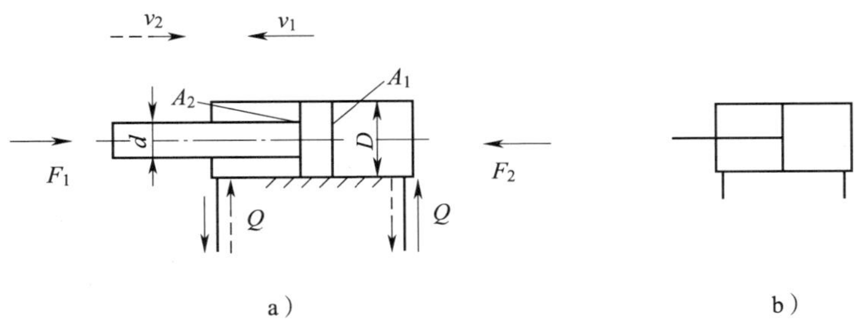

图 10—7　单杆活塞式液压缸

a）结构原理图　b）图形符号

1）单杆活塞式液压缸。活塞往复运动的速度和所受的推力不相等。

即：①$v_1=\frac{Q}{A_1}$　$v_2=\frac{Q}{A_2}$　②$F_1=PA_1$　$F_2=PA_2$

可举例说明。

【例10—3】 如图10—7所示的单杆活塞式液压缸，无杆腔活塞面积$A_1=8\times10^{-2}\ m^2$，活塞杆面积$A_3=3\times10^{-2}\ m^2$，提供油液的流量$Q=4\times10^{-4}\ m^3/s$，压力$P=25\times10^5\ Pa$，求活塞往复运动的速度和推力各为多少？

解：①往复运动速度：

$$v_1=\frac{Q}{A_1}=\frac{4\times10^{-4}}{8\times10^{-2}}=0.005\ (m/s)\qquad v_2=\frac{Q}{A_2}=\frac{4\times10^{-4}}{5\times10^{-2}}=0.008\ (m/s)$$

其中有杆腔面积$A_2=A_1-A_3=8\times10^{-2}-3\times10^{-2}=5\times10^{-2}\ (m^2)$

②往复运动推力：

$$F_1=PA_1=25\times10^5\times8\times10^{-2}=2\times10^5\ (N)$$

$$F_2=PA_2=25\times10^5\times5\times10^{-2}=1.25\times10^5\ (N)$$

2）双杆活塞式液压缸工作特点。往复运动的速度相等，往复运动所需克服的阻力相等，如图10—8所示。

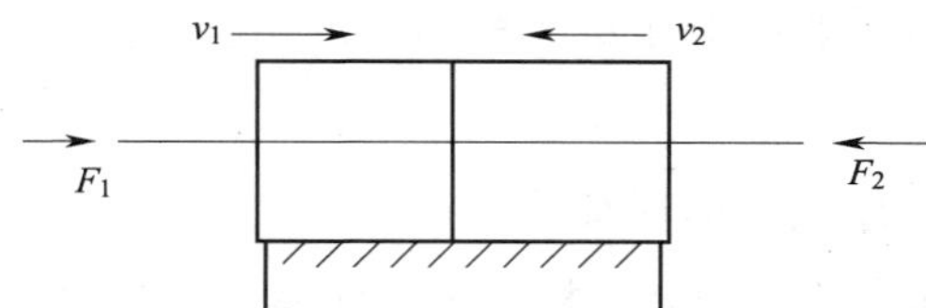

图10—8　双杆活塞式液压缸

可举例说明。

【例10—4】 如图10—8所示双杆活塞式液压缸，活塞面积$A_1=8\times10^{-2}\ m^2$，活塞杆面积$A_3=3\times10^{-2}\ m^2$，提供油液的流量$Q=4\times10^{-4}\ m^3/s$，压力$P=25\times10^5\ Pa$，求活塞往复运动的速度和推力各为多少？

解：①往复运动速度：

其中有杆腔有效面积$A_2=A_1-A_3=8\times10^{-2}-3\times10^{-2}=5\times10^{-2}\ (m^2)$

$$v_1=v_2=\frac{Q}{A_2}=\frac{4\times10^{-4}}{5\times10^{-2}}=0.008\ (m/s)$$

②往复运动推力：

$$F_1=F_2=PA_2=25\times10^5\times5\times10^{-2}=1.25\times10^5\ (N)$$

知识拓展

差动式活塞液压缸

差动式活塞液压缸的图形符号如图10—9所示。

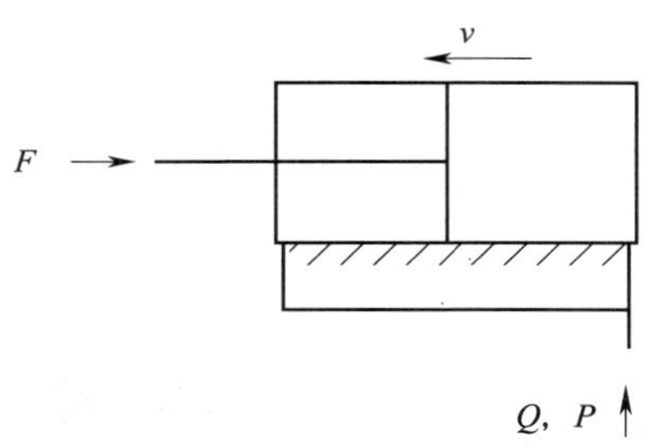

图10—9　差动式活塞液压缸

可实现快速进给：　$v_3=\frac{Q}{A_3}$　$F_3=PA_3$

可举例说明。

【例10—5】 如图10—9所示单杆活塞式液压缸差动连接，活塞面积 $A_1=8\times10^{-2}\ m^2$，活塞杆面积 $A_3=3\times10^{-2}\ m^2$，提供油液的流量 $Q=4\times10^{-4}\ m^3/s$，压力 $P=25\times10^5\ Pa$，求活塞运动的速度和推力各为多少？

解： ①活塞运动速度：

$$v_3=\frac{Q}{A_3}=\frac{4\times10^{-4}}{3\times10^{-2}}\approx0.0133\ (m/s)$$

②活塞运动推力：

$$F_3=PA_3=25\times10^5\times3\times10^{-2}=7.5\times10^4\ (N)$$

其他类型的液压缸：柱塞式、伸缩式、齿条式液压缸等，它们的结构和图形符号见教材表10—2—2，熟悉了解。

思考与练习答案

一、填空题

1. 齿轮泵、叶片泵、柱塞泵
2. 活塞式液压缸、柱塞式液压缸、伸缩式液压缸、摆动式液压缸
3. 机械能、液压能
4. 液压能、机械能

二、简答题

1. 答：液压泵的工作原理是因为密封容积的由小到大变化而吸油，密封容积由大到小变化而压油。

2. 答：活塞往复运动的速度和所受的推力不相等。

即：（1）$v_1 = \frac{Q}{A_1}$　$v_2 = \frac{Q}{A_2}$

（2）$F_1 = PA_1$　$F_2 = PA_2$

课题三　液压控制元件

一、教材分析及教学流程

液压控制元件是液压系统中不可缺少的重要元件，它已经标准化、系列化、通用化。本课题主要学习液压控制元件的类型、作用、结构原理、图形符号。通过对液压元件的结构原理的分析，来掌握它们的作用、图形符号，从而为后面学习液压基本回路奠定基础。

本课题教学流程如图 10—10 所示。

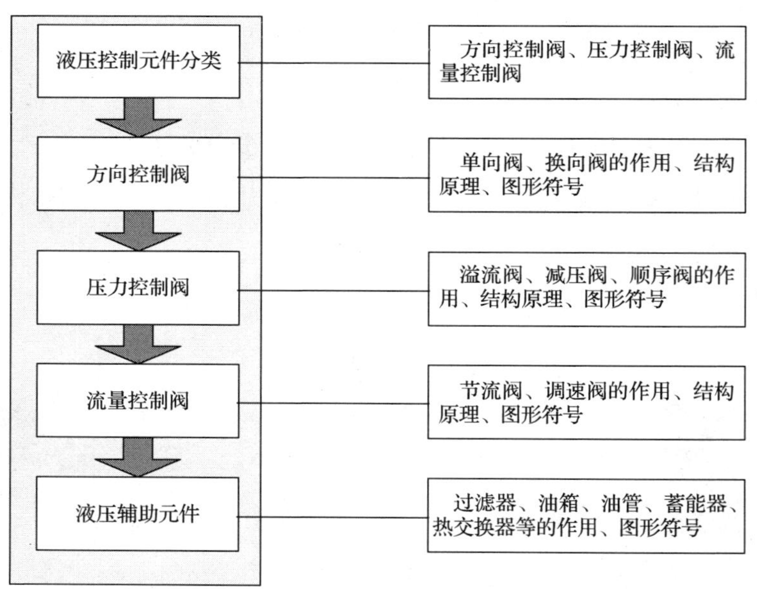

图 10—10　教学流程

二、教学要求

1. 掌握常见液压控制阀的类型、功用、图形符号。

2. 熟悉液压控制阀的结构原理。

3. 熟悉各种液压辅助元件的类型、功用、图形符号。

三、教学重点和难点

1. 重点

液压控制阀的类型、功用、图形符号。

2. 难点

液压控制阀的结构原理。

四、教学建议

液压控制元件的种类较多，这里主要学习典型的、基本的、常用的液压元件。在教学过程中可采用一些实物，结合液压动画演示，帮助理解液压元件的工作原理，从而正确使用、维护液压元件。

教师在讲液压元件时，首先从液压控制阀的分类讲起，可列出：

液压控制阀
- 方向控制阀：包括单向阀和换向阀等
- 压力控制阀：包括溢流阀、减压阀、顺序阀等
- 流量控制阀：包括节流阀和调速阀等

然后根据分类中各液压元件的名称分别介绍它们，每个元件的实物，结构原理图，借助液压动画进行分析，最终掌握它们的图形符号，理解图形符号的含义。

1. 换向阀

首先教师把准备好的几种换向阀的实物给学生们认识，从换向阀的实物来看它的内部结构是看不到的，只有借助于结构原理图，配合液压动画来分析比较清楚明了。

由二位二通换向阀结构原理图（见图 10—11a）和二位四通换向阀结构原理图（见图 10—12a），理解它们的“位”和“通”的含义，从而理解图形符号的含义。这两个结构原理图是理解其他阀结构的基础，所以这里要重点学习。

所以用图 10—11b 表示二位二通换向阀的图形符号。用图 10—12b 表示二位四通换向阀的图形符号。

通过以上两个换向阀的结构图的分析理解，学习其他类型的换向阀结构就容易多了，其他类型的换向阀图形符号含义自然就懂了。比如图 10—13 三位四通换向阀，引导学生看懂三位四通换向阀的结构原理图，画出它的图形符号。

再比如汽车动力转向系统中使用的换向阀为三位五通换向阀，它的结构和图形符号如教材图 10—3—4 所示。

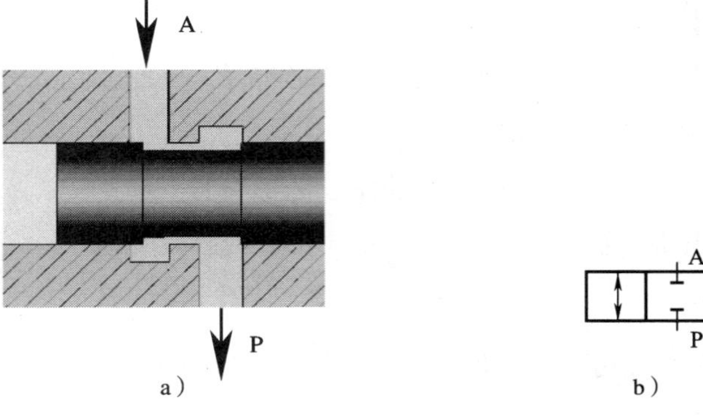

图 10—11　二位二通换向阀

a）二位二通换向阀结构原理图　b）二位二通换向阀图形符号

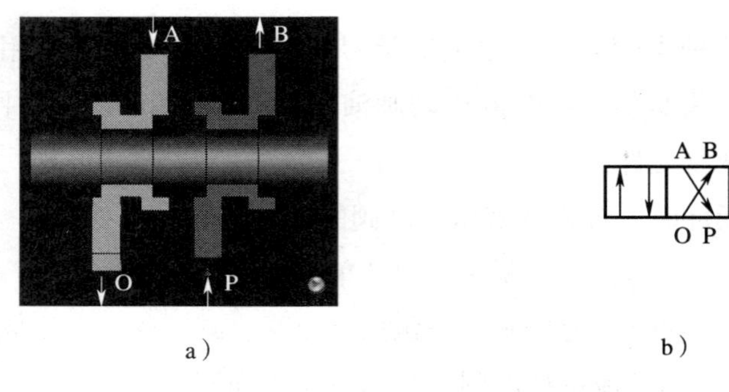

图 10—12　二位四通换向阀

a）二位四通换向阀结构原理图　b）二位四通换向阀图形符号

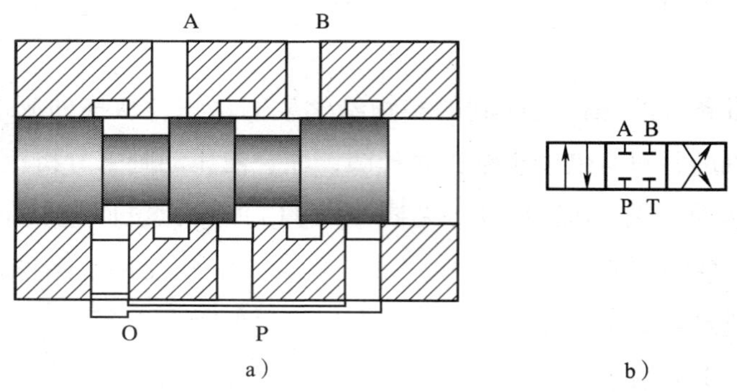

图 10—13　三位四通换向阀

a）三位四通换向阀结构原理图　b）三位四通换向阀图形符号

这里可补充介绍一下换向阀的操纵方法：手动、机动、电动、液动、电液动等方法。表 10—1 为常用换向阀的操纵方式符号。

表 10—1　　　　常用换向阀的操纵方式符号

手柄式	机械控制式			单作用电磁铁	加压或卸压控制
	顶杆式	滚轮式	弹簧式		

2．溢流阀

溢流阀是压力控制阀中最典型的有代表性的控制阀，在讲压力控制阀的时候，首先引导学生们会分析溢流阀的结构原理和工作原理，结合课件、液压动画来分析，溢流阀有直动式和先导式两种，先讲直动式的，然后讲先导式的，这样由浅入深，分析过程中讲清楚直动式的用于低压系统，先导式的用于高压系统。比较它们的图形符号。

通过对溢流阀结构原理的分析，理解了溢流阀的结构原理，对学习减压阀、顺序阀结构原理就容易了，因为它们在结构上有很多相似之处，它们的共同特点都是利用液压力克服弹簧的弹力相平衡的原理来控制的。

3．液压辅助元件

主要介绍常用的几种液压辅件，了解它们的作用、图形符号。

液压辅助元件有滤油器、蓄能器、管件、油箱、热交换器和密封件等。液压辅助元件和液压元件一样，都是液压系统中不可缺少的组成部分。它们对系统的性能、效率、温升、噪声和寿命的影响不亚于液压元件本身。

思考与练习答案

一、填空题

1. 方向控制阀、压力控制阀、流量控制阀、单向阀、换向阀
2. 一个、另一个
3. 油路的方向、接通、关闭
4. 节流阀、减压阀

二、选择题

1. B　2. A　3. C

三、判断题

1. √　2. √　3. ×　4. √　5. ×　6. √　7. ×

课题四　液压基本回路

一、教材分析及教学流程

液压传动的机器设备，无论它的液压系统多么复杂，总是由一些基本回路组成的。液压基本回路指的是由液压元件组成的用来完成特定功能的典型油路结构。本课题主要介绍液压基本回路的类型、组成、工作原理。即对方向控制回路、压力控制回路、速度控制回路等回路元件组成、工作原理图的分析。重点分析基本回路图的工作原理，以达到分析较复杂的液压系统图的能力。

本课题教学流程如图 10—14 所示。

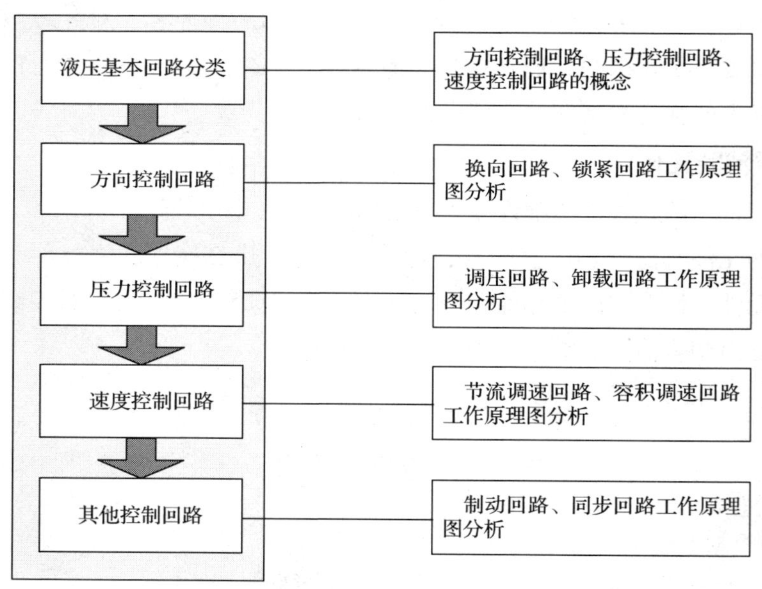

图 10—14　教学流程

二、教学要求

1. 掌握方向控制回路的工作原理。
2. 掌握压力控制回路的工作原理。
3. 掌握速度控制回路的工作原理。

三、教学重点和难点

1. 重点

液压基本控制回路的工作原理、功能、应用范围。

2．难点

方向、压力、速度控制回路的工作原理分析。

四、教学建议

在学习本课题之前，布置学生复习常用液压控制元件的图形符号，特别是本课题中所涉及的一些图形符号。在认识液压元件的基础上，完成回路工作原理的分析，教学时直接给出液压装置，并要求学生解决实际问题，教师直接引出液压回路图并给出分析方法的基本框架，再通过多媒体教学创设实际液压情景，激发学生的学习兴趣。在整个教学过程中，按提出问题→学生小组讨论→尝试回答→动画演示→分析归纳→得出结论→巩固练习的思路进行。教师的动画演示加上正确有步骤的引导，使学生积极地发现问题、分析问题、解决问题、总结问题、创造情境。

教学过程中结合液压基本回路动画分析，告诉学生要掌握液压基本回路图，必须对回路图中的每个元件的名称、作用、图形符号都要熟悉，这样才能够去理解回路的工作原理及其作用。

1．方向控制回路

首先和学生复习液压换向回路中所涉及的液压元件的名称、作用、图形符号，然后和学生回顾液压系统的组成，作为一个基本的回路，它应该是一个最简单的液压系统，必须具备液压系统的四个组成部分：动力部分——液压泵、执行部分——液压缸、控制部分——控制阀、辅助部分——辅助元件。然后介绍回路，画出回路图。

（1）换向回路

分析过程中要注意：

1）熟悉回路中的元件的名称、作用。

2）是不是具有液压系统的四个组成部分。

3）线条代表油管的画法，要整齐，布置要合理。

4）油箱的开口要向上，要和大气相通。

5）在每个液压系统中，在泵的出口都要接一个溢流阀，起安全保护作用。

6）该回路完成的特定功能。

分析过程（见图 10—15）：

1）指出图中回路元件名称，1、2—溢流阀，3—单杆活塞式液压缸，4—手动两位四通换向阀，5—单向定量泵，6—油箱。

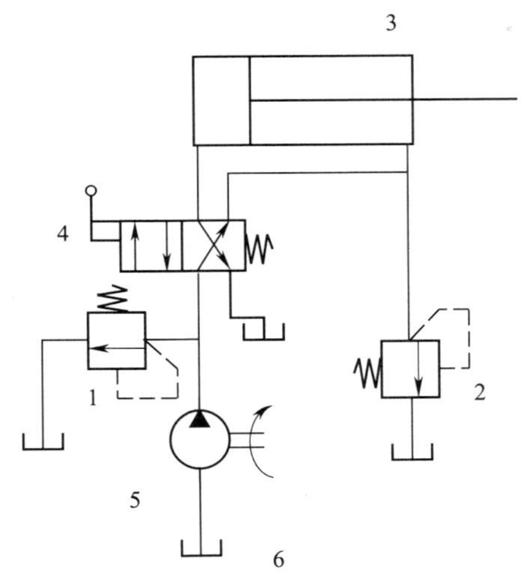

图 10—15　二位四通换向阀的换向回路

2）该回路具有液压系统的四个组成部分。

3）该回路主要完成改变油路的方向，使活塞做往复直线运动。

4）基本回路的工作过程分析，即油路的过程分析如下。

活塞向右运动油路过程：

进油路过程：油箱→油泵→两位四通换向阀左位→单杆活塞缸左腔。

回油过程：单杆活塞缸右腔→两位四通换向阀左位→油箱。

活塞向左运动油路过程：

进油路过程：油箱→油泵→两位四通换向阀右位→单杆活塞缸右腔。

回油过程：单杆活塞缸左腔→两位四通换向阀右位→油箱。

2．压力控制回路

压力控制回路包括调压回路、卸载回路、减压回路、增压回路等，图 10—15 实际上还包含了调压回路，溢流阀 1 和 2 分别在换向阀处在左位和右位时调节压力，实际上是二级调压，教材中主要介绍的是调压回路和卸载回路，分析方法同上。

让学生认识减压回路、增压回路，如图 10—16、图 10—17 所示。

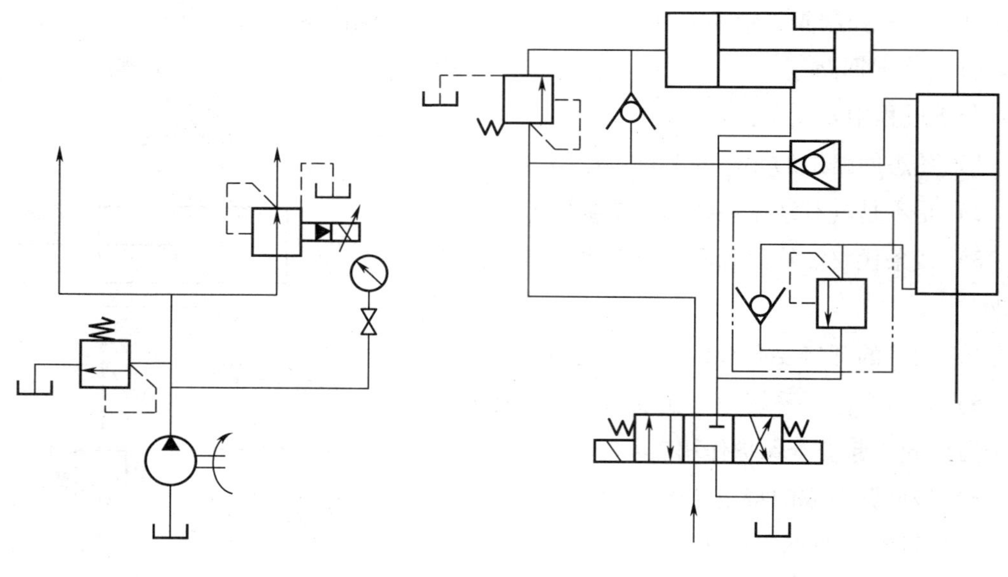

图 10—16　减压回路　　　图 10—17　增压回路

3．速度控制回路

教材中的速度控制基本回路分析过程同上，让学生参与分析，产生互动。

如图 10—18 所示为调速阀并联的两次进给速度换接回路，此回路可帮助加深和拓展学生们对液压回路的进一步理解，教师可引导学习。

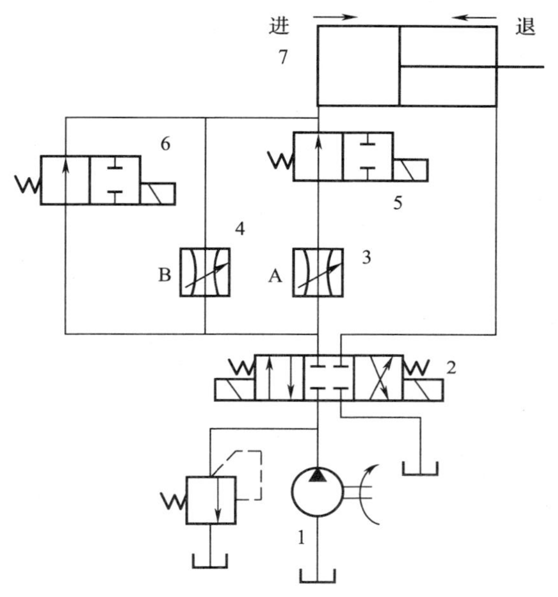

图 10—18　调速阀并联的两次进给速度换接回路

分析此回路工作过程：

此回路包括五个动作过程：快进→一次工进→二次工进→快退→中停。

快进油路过程：

进油路过程：油箱→油泵 1→换向阀 2 左位→二位二通电磁换向阀 6 左位→液压缸 7 左腔。活塞向右快进。

回油路过程：液压缸 7 右腔→三位四通电磁换向阀 2 左位→油箱。

一次工进油路过程：

进油路过程：油箱→油泵 1→换向阀 2 左位→调速阀 4 和 3 并联（换向阀 5 换到左位）→液压缸 7 左腔。活塞向右一次工进。

回油路过程：液压缸 7 右腔→三位四通电磁换向阀 2 左位→油箱。

二次工进油路过程：

进油路过程：油箱→油泵 1→换向阀 2 左位→调速阀 4（换向阀 5 换到右位）→液压缸 7 左腔。活塞向右一次工进。

回油路过程：液压缸 7 右腔→三位四通电磁换向阀 2 左位→油箱。

快退油路过程：

进油路过程：油箱→油泵1→换向阀3右位→液压缸8右腔。活塞向左一次工进。

回油路过程：液压缸8左腔→三位四通电磁换向阀3右位→油箱。

中停油路过程：

三位四通电磁换向阀3处于中位，油路不同，液压缸左右油腔锁紧，活塞处于停止状态。

思考与练习答案

一、填空题

1. 方向、压力、速度
2. 换向、锁紧、定位、通、断
3. 调压、卸载、减压、调压、卸载、减压
4. 节流、容积、容积节流复合、速度换接

二、判断题

1. √ 2. √ 3. × 4. √ 5. × 6. √

三、思考题

（1）如右图所示，此回路为卸载回路。

（2）元件名称：①单向定量泵

②溢流阀

③三位四通换向阀

④单杆活塞式液压缸

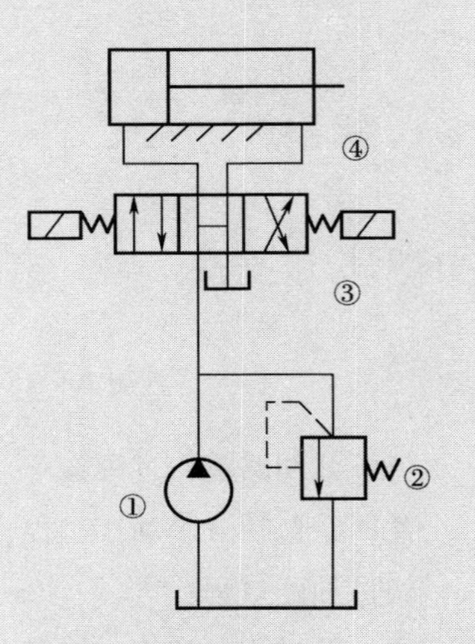

课题五　汽车典型液压系统分析

一、教材分析及教学流程

本课题主要是通过汽车典型液压实例来分析液压系统的回路组成、工作原理、油路的过程，是对液压基本回路的综合应用，是与生产实际的结合。本课题主要介绍汽车动力液压系统回路实例分析，QD351型自卸车液压系统的工作情况实例分析，重点

是会分析它们的工作原理，即它们工作的油路过程。

本课题教学流程如图 10—19 所示。

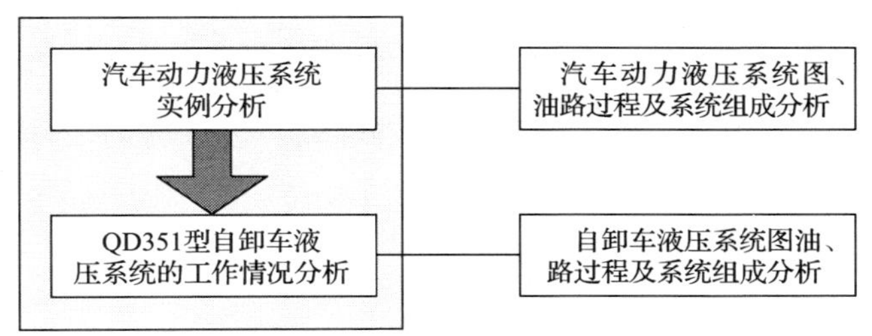

图 10—19　教学流程

二、教学要求

1. 掌握汽车转向系统液压回路的工作原理和系统组成。
2. 能够正确分析汽车液压转向系统回路的工作原理。
3. 掌握自卸汽车液压回路的工作原理和系统组成。
4. 能够正确分析自卸汽车系统回路的工作原理。

三、教学重点和难点

1. 重点

汽车转向系统液压回路的工作原理和系统组成。

2. 难点

汽车液压转向系统回路的工作原理、自卸汽车系统回路的工作原理。

四、教学建议

本课题在讲解时，结合教材图形，教师首先和学生们分析液压典型回路有哪些元件组成，该回路中包含哪些基本回路，要完成哪些动作，弄清楚以后，开始分析系统回路的油路过程、工作原理。

分析方法：

在整个教学过程中，按提出问题→学生小组讨论→尝试回答→分析归纳→得出结论→巩固练习的思路进行。

分析步骤：

1. 分析该系统液压元件的组成，熟悉每个元件的名称和作用。
2. 分析该系统液压基本回路的组成。
3. 分析该系统的工作原理，即油路的工作过程。
4. 可分组讨论完成。
5. 老师归纳总结。

原则：

1. 液压系统都是由一些液压基本回路组成的。

2. 液压系统回路中油箱只有一个，油从油箱出去，最终回到油箱，形成回路。油箱要与大气相通。

3. 作为液压系统应由四大部分组成：动力部分、执行部分、控制部分、辅助部分。

4. 实际操作中对于阀、油泵等液压元件，油口不能接错。

思考与练习答案

1. 答：汽车发动机润滑系统、制动系统、举升机、挖掘机等。

2. 答：图 10—5—2 该系统包括调压回路、换向回路、调速回路、卸载回路、锁紧回路。作用：调压、改变油路方向、接通关闭油路、调节速度大小、卸荷。

该系统主要液压元件有：1—溢流阀　2—油泵　3—节流阀　4—安全阀　5—换向阀　6—液压缸　7—单向阀　8—转向盘

图 10—5—3 该系统包括调压回路、换向回路、卸载回路、锁紧回路、同步回路。

作用：调压、改变油路方向、接通关闭油路、调节速度大小、卸荷。

该系统主要液压元件有：1—液压泵　2—粗过滤器　3 —过滤器　4 —油箱　5 —溢流阀（限压阀）　6 —四位四通换向阀　7 —液压缸　8—手柄

课题六　气压传动基本知识

一、教材分析及教学流程

汽车气压传动系统与汽车液压传动系统的工作原理基本相同，只不过气压传动系统是以压缩空气为工作介质来传递运动和动力的。本课题主要介绍气压传动基本知识，它主要包括气压传动的四个组成部分：气源装置、执行元件、控制元件、辅助元件及它们的组成、结构原理、图形符号，气压传动系统的特点和应用。重点是通过气压元件的工作原理图来掌握气压传动的图形符号及其应用。

本课题教学流程如图 10—20 所示。

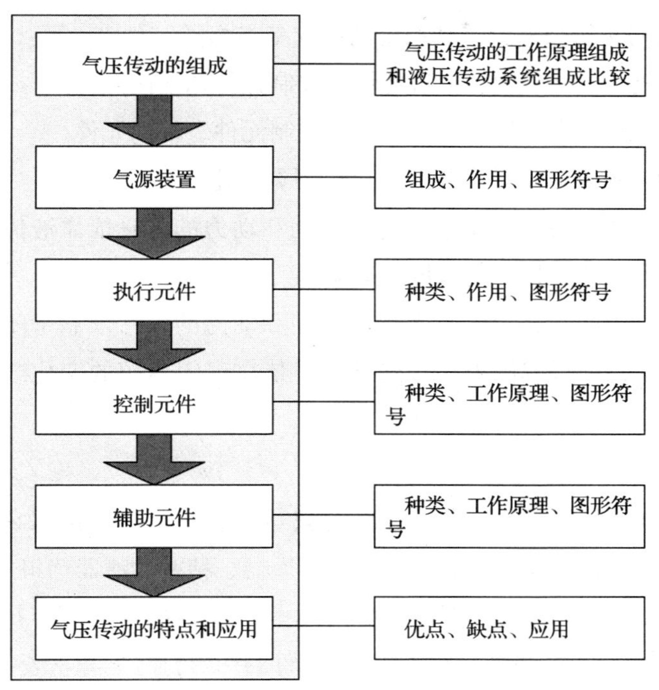

图 10—20　教学流程

二、教学要求

1. 掌握气压传动系统的组成。

2. 掌握气压传动系统的特点和应用。

3. 熟悉气压元件结构原理和图形符号。

三、教学重点和难点

1. 重点

气压传动系统的组成、气压元件结构原理和图形符号。

2. 难点

气压元件结构原理。

四、教学建议

由于气压传动工作原理和液压传动原理基本相同，只是所用工作介质不同，教师在讲课之前，布置学生复习液压元件的有关原理和图形符号，学好液压传动知识是学习气压传动知识的基础。在教学过程中结合多媒体课件、气压动画、气压元件的工作原理图来讲解，通过和液压知识的对比进行学习，从而掌握有关气压传动的知识。

1. 气压传动系统的组成

（1）气压传动系统与液压传动系统的组成基本相同，对比一下：

气压传动组成：气源装置、执行元件、控制元件和辅助元件。

液压传动组成：动力元件、执行元件、控制元件、辅助元件。

（2）它们的工作原理也基本相同，这里强调对比一下：

液压传动是以油液为工作介质来传递运动和动力的，它依靠液体内部压力来传递动力，依靠密封容积的交替变化来传递运动。

气压传动是以压缩空气为介质来传递运动和动力的，它依靠密闭系统内气体密度的增加，压力的增强来形成压力能传递动力，依靠密闭容积的变化或气体膨胀消耗气体的压力能来传递运动。

2. 气源装置

气源装置是气压传动的动力部分，结合教材图 10—6—1，讲解它的组成部分，即气源装置由空气压缩机、储气罐、过滤器、干燥器、精密过滤器等组成。

气源装置的主要作用是对空气进行压缩、干燥、净化等处理，并且将原动机提供的机械能转变为气体的压力能。气源装置中元件的图形符号见教材表 10—6—1。

3. 执行元件

对比液压缸、气缸和气马达。它的功用是将气体的压力能转变为机械能，输给工作部件。

气缸的种类很多，见教材，可和液压缸对照起来介绍，实际上气缸的工作原理与液压缸的工作原理相同。

4. 控制元件

这部分元件结合图形，讲解分析每个元件的工作原理，通过对元件结构原理图的理解，从而掌握它们的图形符号、作用。

它的内容包括各种阀类，如各种压力阀、流量阀、方向阀、逻辑元件等，用以控制压缩空气的压力，流量和流动方向以及执行元件的工作程序，以便使执行元件完成预定的运动规律。

5. 辅助元件

一般性介绍。

6. 气压传动系统的特点和应用

对比液压传动的特点来介绍，有什么优、缺点。

应用举例：

如车身外壳被负压吸盘吸起和放下，在指定工位的夹紧和定位；点焊机焊头的快速接近等，都采用了各种特殊功能的气缸及相应的气动控制系统。同时，气压传动在汽车上也被广泛应用，如气压制动系统、气压伺服制动系统、气控门窗等。

思考与练习答案

一、填空题

1. 起源装置、执行元件、控制元件、辅助元件

2. 过滤器、干燥器、精密过滤器

3. 调压阀、减压阀、顺序阀

二、选择题

1. B　2. C　3. C　4. A

三、判断题

1. √　2. √　3. √　4. ×　5. √　6. √

空气压缩机是将机械能转化为气体压力能的装置，是气动系统的动力源。

四、问答题

1. 答：气源装置由空气压缩机、储气罐、过滤器、干燥器、精密过滤器等组成。

2. 答：

(1) 优点

1) 气压传动的工作介质是空气，排放方便，不污染环境，经济性好。

2) 空气的黏度小，便于远距离输送，能源损失小。

3) 气压传动反应快，维护简单，不存在介质维护及补充问题，安装方便。

4) 蓄能方便，可用储气罐获得气压能。

5) 工作环境适应性好，允许工作温度范围宽。

6) 有过载保护作用。

(2) 缺点

1) 由于空气具有可压缩性，因此工作速度稳定性较差。

2) 工作压力较低。

3) 工作介质无润滑性能，需设润滑辅助原件。

4) 噪声大。

课题七　气压基本回路

一、教材分析及教学流程

气压基本回路和液压基本回路相似，所以本课题主要简单介绍，主要内容包括气压基本回路的类型、组成、工作原理。即对方向控制回路、压力控制回路、速度控制回路等回路元件组成、工作原理图的分析。重点分析气压基本回路图的工作原理，以达到分析较复杂的气压系统图的能力。

本课题教学流程如图 10—21 所示。

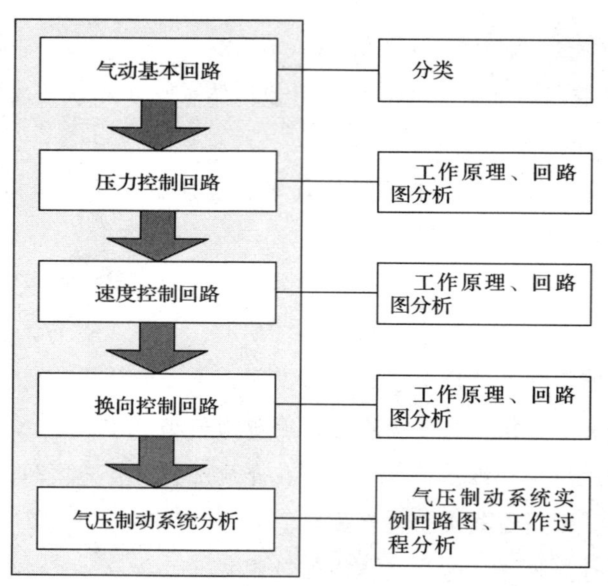

图 10—21　教学流程

二、教学要求

1. 了解压力、速度、方向控制回路的工作原理。
2. 熟悉气压系统实例分析。

三、教学重点和难点

1. 重点

压力、速度、方向控制回路的工作原理。

2．难点

气压制动系统实例分析。

四、教学建议

气压基本回路和液压基本回路工作原理基本相同，对前面液压基本回路掌握了，这里的气压基本回路就很容易掌握了，所以这里主要作一般性的介绍，主要是看懂气压回路图，从而会分析气压传动系统图。分析方法、思路同液压传动基本回路及系统回路图相同。

思考与练习答案

一、简答题

1．答：气动基本回路主要包括压力控制回路、速度控制回路、换向控制回路。

2．答：换向控制回路主要包括单作用气缸换向回路、双作用气缸换向回路。

二、分析题

1．答：该回路包括换向回路、调压回路、同步回路。

2．答：1—空压机，将机械能转化为气体压力能的装置，是气动系统的动力源。

2、6—单向阀，只允许气流从一个方向向另一个方向流动。

3—冷却器，将高温空气冷却，使其中气态水分和变质油雾冷凝成液滴。

4—油雾器，把润滑油雾化后，经压缩空气携带进入系统中各润滑部位，满足润滑的需要。

5、7—储气罐，消除压力脉动、进一步分离压缩空气中的水分、储存一定数量的压缩空气作备用和应急气源。

8—压力表

9、10、11—二位三通换向阀，用来接通或关闭气路。

12—分离开关

13—前制动缸

14—后制动缸

15—气压调节阀（溢流减压阀），实现定压控制，保证气源压力的稳定。

3．答：

前制动的气路过程

进气过程：空压机1→单向阀2→冷却器3→油雾器4→储气罐5→单向阀6→储气罐7的后腔→二位三通换向阀9的下腔→分别进入两制动气缸13（同时气体进入

二位三通换向阀 11 下腔→分离开关 12→挂车制动）→前轮制动。

回气过程（松闸过程）：两制动气缸 13 的左腔→二位三通换向阀 9 的上腔→出气口。

后制动的气路过程

进气过程：空压机 1→单向阀 2→冷却器 3→油雾器 4→储气罐 5→单向阀 6→储气罐 7 的前腔→二位三通换向阀 10 的下腔→分别进入两制动气缸 14→后轮制动。

回气过程（松闸过程）：两制动气缸 14 的左腔→二位三通换向阀 10 的上腔→出气口。

汽车机械基础（第二版）习题册答案

绪　　论

一、填空题

1. 构件、相对运动、代替或减轻人类的劳动、机械功或转换机械能、热能、机械能、机械能、电能

2. 确定相对运动、运动、制造

3. 两构件之间直接接触而又能产生一定相对运动的连接、低、高

4. 原动部分、传动部分、工作部分、控制部分

5. 机器、机构

二、选择题

1. A、B、C　2. B、D　3. C、D　4. B、C、D　5. B、D，A、C

三、判断题

1. ×　2. √　3. ×　4. √　5. √　6. √　7. √　8. ×

四、简答题

1. 答：机器主要由四个部分组成，即动力部分、工作部分、传动部分、控制部分。

2. 答：汽车也是机器，它也是由四部分组成，即动力部分——内燃机，工作部分——汽车车轮驱动，传动部分——汽车变速箱、传动轴、差速器，控制部分——汽车电控部分。

模块一　链传动与带传动

课题一　链　传　动

一、填空题

1. 链条和具有特殊齿形的链轮、运动和动力的

2. 传动链、输送链、起重链

3. 内链板、外链板、销轴、套筒、滚子

4. 主动链轮、从动链轮、反比

5. 强度、耐磨性、合金钢、碳钢、铸铁

二、判断题

1. × 2. × 3. √ 4. √ 5. √ 6. × 7. √

三、简答题

1. 答：链传动的常见类型有套筒滚子链和齿形链，套筒滚子链的结构有内链板、外链板、销轴、套筒和滚子。

2. 答：链传动具有下列特点：

（1）无滑动，能保证准确的平均传动比。

（2）传递功率大，传动效率高，一般可达0.95～0.98。

（3）能在低速、重载和高温条件下，以及尘土飞扬、淋油等不良环境中工作。

（4）链条的铰链磨损后，使链条节距变大，工作时链条容易脱落。

（5）由于链节的多边形运动，所以瞬时传动比是变化的，瞬时链速不是常数，传动中会产生动载荷和冲击，因此不宜用于要求精密传动的机械上。

（6）安装和维护要求较高，无过载保护作用。

3. 答：链传动张紧的目的主要是避免在链条的垂度过大时产生啮合不良和链条的振动现象，同时也为了增加链条与链轮的啮合包角。

张紧方式有弹簧力张紧、砝码张紧、定期调整张紧。

4. 答：链传动的润滑十分重要，对高速重载的链传动更重要。良好的润滑可缓和冲击、减轻磨损、延长链条的使用寿命。

润滑方式有人工润滑、滴油润滑、油浴供油、飞溅润滑、压力喷油润滑。

四、计算题

1. 解：

$$i_{12}=\frac{n_1}{n_2}=\frac{z_2}{z_1}$$

$$\frac{200}{n_2}=\frac{80}{40}$$

$$n_2=100\ \text{（r/min）}$$

2. 解：

$$i_{12}=\frac{n_1}{n_2}=\frac{z_2}{z_1}$$

$$\frac{n_1}{300}=\frac{60}{20}$$

$$n_1=900\ \text{（r/min）}$$

课题二　带　传　动

一、填空题

1. 无接头环形、包布、顶胶、抗拉体、底胶

2. 绳芯结构、帘布芯结构、多楔带结构

3. Y、Z、A、B、C、D、E，E，Y

4. 调整中心距、张紧轮

二、选择题

1. C　2. D　3. A　4. B　5. B

三、判断题

1. √　2. √　3. √　4. √　5. √　6. ×　7. ×　8. √　9. ×　10. ×

11. √　12. ×　13. √　14. √　15. √　16. ×

四、简答题

1. 答：V 带的型号和长度不能搞错；V 带轮轴的中心线保持平行且两轮槽应调整在同一平面内；V 带张紧程度要合适；要定期检查调整 V 带传动，必要时更换 V 带，新、旧带不能混合使用；要加安全防护罩。

2. 答：平带传动的张紧轮位置应安放在松边外侧靠近小带轮一边。这样可增大小带轮包角，提高传动的能力。V 带传动的张紧轮位置应安放在松边内侧靠近大带轮一边。这样使小带轮包角不至于过分减小。

3. 答：（1）由于带是挠性体，所以在传动中能缓和冲击和振动，具有吸振能力。

（2）带传动靠摩擦力传递运动，在过载时，传动带会在带轮上打滑，具有安全保护作用，可以避免其他零件的损坏。

（3）工作平稳，噪声小。

（4）可以用在两轴中心距较大的场合。

（5）结构简单、维护方便、制造容易、成本低。

4. 答：（1）由于带具有弹性，工作中存在弹性滑移，所以传动时不能保证准确的传动比。

（2）外廓尺寸较大。

（3）传动效率低。

（4）不宜用在高温、易燃、易爆的场合。

（5）带传动适用于要求传动平稳、传动比不要求准确、中小功率的远距离传动。

五、计算题

解：（1）$i_{12}=\frac{n_1}{n_2}=\frac{1\ 440}{720}=2$

（2）$i_{12}=\frac{n_1}{n_2}=\frac{d_{d2}}{d_{d1}}=2$

$d_{d2}=2d_{d1}=2\times140=280$（mm）

（3）因为 $\alpha=180°-\frac{d_{d2}-d_{d1}}{a}\times60°$

$=180°-\frac{280-140}{800}\times60°$

$=169.5°>120°$

所以 合格

（4）$L_d=2a+\frac{\pi}{2}(d_{d1}+d_{d2})+\frac{(d_{d2}-d_{d1})^2}{4a}$

$=2\times800+\frac{3.14}{2}\times(140+280)+\frac{(280-140)^2}{4\times800}$

$=2\ 265.53$（mm）

模块二 齿 轮 传 动

课题一 齿轮传动的类型和特点

一、填空题

1. 不相等、越大、0
2. 外啮合、内啮合、齿轮齿条
3. 渐开线、摆线、圆弧
4. 平稳、运动、功率、速度、效率、紧凑、长

二、选择题

1. B 2. C 3. C 4. A

三、判断题

1. √ 2. × 3. × 4. √ 5. × 6. √

四、简答题

1. 答：利用相互啮合的齿轮来传递运动和（或）动力的机械传动就是齿轮传动。齿轮传动的工作原理是利用主动轮和从动轮齿与齿相互作用的作用力来传递运

动和动力。

2. 答：在平面上，一条动直线（发生线）沿着一个固定的圆（基圆）做纯滚动时，此动直线上一点的轨迹，称为渐开线。

性质：

（1）基圆越大渐开线越平直，基圆越小渐开线越弯曲。

（2）基圆内没有渐开线。

（3）渐开线各点的齿形角 α 各不相同。

（4）渐开线上任意一点的法线必定与基圆相切。

（5）渐开线上各点的曲率半径不相等。

课题二　直齿圆柱齿轮

一、填空题

1. 传动要平稳、承载能力要大

2. 齿数 z、模数 m、压力角 α、齿顶高系数 h_a^*、顶隙系数 c^*

3. 最基本、基础、正比

4. 基本参数、正比

5. $\varepsilon \geqslant 1.2$

6. $m_1 = m_2$、$\alpha_1 = \alpha_2$

7. 10 mm、520 mm

8. 重合、相等、不重合、不相等

二、选择题

1. A　2. B　3. A　4. C、A　5. C　6. C　7. A　8. D　9. B

三、判断题

1. ×　2. √　3. ×　4. √　5. ×　6. ×　7. ×　8. ×　9. √　10. ×　11. √　12. ×

四、简答题

1. 答：模数是齿距除以圆周率 π 所得到的商，符号为 m，单位为 mm。

2. 答：（1）两齿轮的模数必须相等，即 $m_1 = m_2$。

（2）两齿轮分度圆上的压力角必须相等，即 $\alpha_1 = \alpha_2$。

五、计算题

1. 解：$d_1 = 200$ mm，$d_2 = 400$ mm；$d_{a1} = 220$ mm，$d_{a2} = 420$ mm；$d_{f1} = 175$ mm，$d_{f2} = 375$ mm；$s = 15.7$ mm；$d_{b1} = 188$ mm，$d_{b2} = 376$ mm；$a = 300$ mm。

2. 解：

$$a=\frac{m\ (z_1+z_2)}{2}$$

$$210=\frac{m\ (20+50)}{2}$$

$$m=6\ (\text{mm})$$

$$d_1=mz_1$$

$$d_1=6\times 20=120\ (\text{mm})$$

$$d_2=mz_2$$

$$d_2=6\times 50=300\ (\text{mm})$$

3. 解：(1) $i_{12}=\frac{n_1}{n_2}=\frac{z_2}{z_1}$

$\frac{960}{n_2}=\frac{50}{25}$

$n_2=480\ (\text{r/min})$

(2) $a=\frac{m\ (z_1+z_2)}{2}$

$a=\frac{2\ (25+50)}{2}$

$a=75\ (\text{mm})$

(3) $p=\pi m=3.14\times 2=6.28\ (\text{mm})$

课题三　其他齿轮传动

一、填空题

1. 端面压力角、法面压力角、法面压力角
2. 法面模数相等、法面压力角相等、螺旋角相等且旋向相反
3. 大端的、大端端面模数相等、两齿轮的压力角相等
4. 左旋、右旋
5. 相交、90°
6. 一致的、相等、20°、平行、相等

二、选择题

1. C　2. A　3. C　4. B

三、判断题

1. ×　2. ×　3. ×　4. √　5. √

四、简答题

答：优点：

（1）重合度大，啮合性能好；传动平稳，冲击噪声小。

（2）承载能力高，使用寿命长。

（3）不发生根切的最少齿数比直齿轮的少。斜齿圆柱齿轮传动的结构尺寸比直齿圆柱齿轮传动的小。

（4）对制造误差的敏感性小。由于轮齿倾斜，位于同一圆柱面上的各点不同时参加啮合，这在一定程度上分散了制造误差对传动的影响。

（5）可以凑配中心距。在齿数、模数相同的情况下，由于 β 的不同，可以得到不同的中心距 a。

缺点：

（1）传动时会产生轴向分力。

（2）不能用作变速器的滑移齿轮。

课题四　齿轮轮齿的失效形式与材料选择

一、填空题

1. 轮齿折断、塑性变形、齿面点蚀、齿面胶合、齿面磨损

2. 疲劳折断、过载折断

二、选择题

1. B　2. A、C、D

三、判断题

1. ×　2. √　3. √

四、简答题

答：防止轮齿折断的措施有限制齿根危险截面上的弯曲应力，选用合适的齿轮参数和几何尺寸；降低齿根处的应力集中；强化处理（如喷丸、辗压）和良好的热处理工艺。

课题五　蜗 杆 传 动

一、填空题

1. 蜗杆的轴向模数和蜗轮的端面模数相等、蜗杆的轴向压力角和蜗轮的端面压力角相等、蜗杆分度圆柱面导程角和蜗轮分度圆柱面螺旋角相等且旋向一致

2. 48 r/min

3. 空间两交错、90°

4. 圆柱、环形面、锥

5. 右手法则

二、选择题

1. D 2. D 3. A

三、判断题

1. × 2. × 3. √ 4. × 5. ×

四、简答题

1. 答：(1) 传动比大且准确。其传动比一般为 10～100，而结构很紧凑。

(2) 传动平稳。因蜗杆齿为连续不断的螺旋形，使其有螺旋机构的特点，故传动很平稳，几乎没有噪声。

(3) 具有自锁性。当蜗杆的导程角小于一定值时，只能以蜗杆为主动件带动蜗轮，而不能由蜗轮带动蜗杆转动。

(4) 传动效率低。

(5) 磨损大。

(6) 不能任意互换啮合。

汽车的转向器上应用了各种类型蜗杆传动。

2. 判断如下：

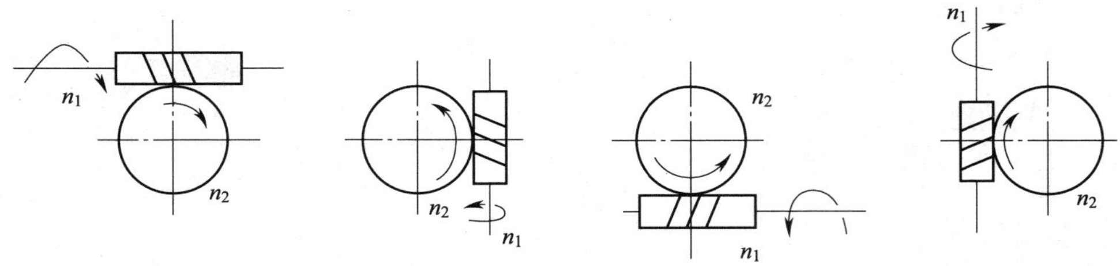

模块三　轮　　系

课题一　定 轴 轮 系

一、填空题

1. 互相啮合的齿轮将主动轴和从动轴连接起来

2. 每个齿轮的几何轴线都是固定、至少有一个齿轮的几何轴线绕位置固定的另一

齿轮的几何轴线转动

3. 轮系中首末两轮的转速

4. 相反、相同

5. 转动方向、大小

二、选择题

1. C 2. C

三、判断题

1. × 2. × 3. √ 4. × 5. ×

四、简答题

1. 答：可获得大的传动比；可做较远距离传动；可实现变速、变向要求；可合成或分解运动。

2. 答：若计算结果为正，则表示轮系首末两轮（即主、从动轴）回转方向相同；结果为负，则表示首末两轮回转方向相反。

五、计算题

1. 解：轮系传动比为：

$$i_{12}=\frac{n_1}{n_2}=\frac{z_2}{z_1}=\frac{70}{24}$$

$$\text{有}\quad n_3=n_2=\frac{24\,n_1}{70}=\frac{24\times 1\ 400}{70}=480\ (\text{r/min})$$

2. 解：轮系传动比为：

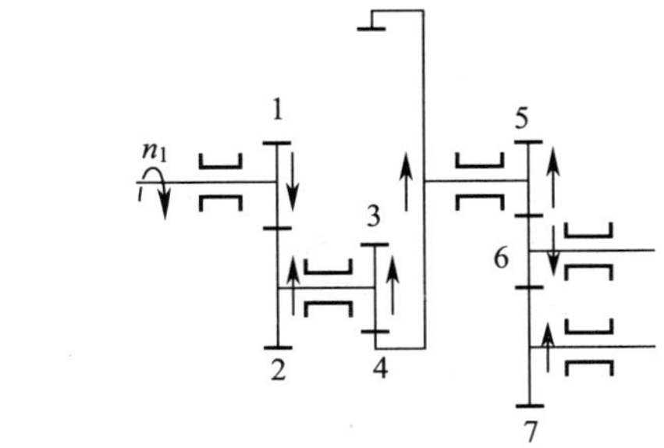

$$i_{17}=(-1)^3\frac{z_2\,z_4\,z_6\,z_7}{z_1\,z_3\,z_5\,z_6}$$

$$=-\frac{28\times 60\times 20\times 28}{24\times 20\times 20\times 20}$$

$$=-4.9$$（首、末轮转向相反）

则轮 7 的转向如右图所示。

3. 解：齿轮 1、2、3、4、蜗杆 5 和蜗轮 6 组成一定轴轮系，由于轮系中有空间齿轮机构（蜗杆传动），所以只用公式来计算该轮系的传动比的大小。

$$i_{16}=\frac{n_1}{n_6}=\frac{z_2\,z_4\,z_6}{z_1\,z_3\,z_5}=\frac{32\times 40\times 40}{16\times 20\times 4}=40$$

则蜗轮 6 的转速为：

$$n_6=\frac{n_1}{40}=\frac{800}{40}=20\ (\text{r/min})$$

各轮转向如下图所示：

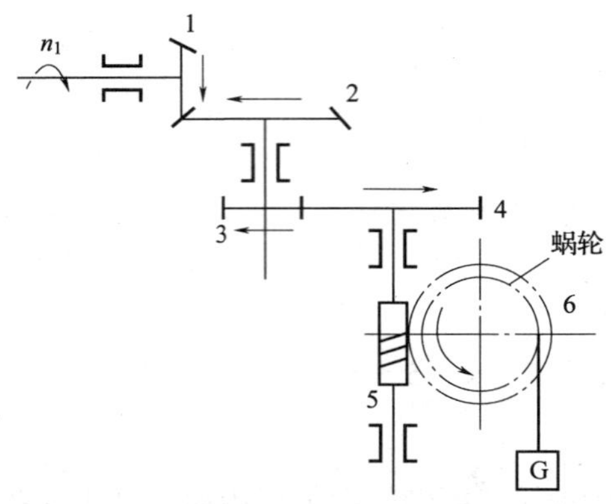

课题二 周转轮系

一、填空题

1. 行星、差动
2. 自身轴线、行星架
3. 太阳轮、行星架、齿圈
4. 减速、超速、直接、倒挡、行星齿轮机构
5. 定轴、周转

二、简答题

答：太阳轮和齿圈当中有一个转速为零（即固定不动）的周转轮系为行星轮系。太阳轮和齿圈的转速都不为零的周转轮系为差动轮系。

三、计算题

1. 解：当太阳轮被固定，齿圈 3 为主动件，行星架 H 为从动件时，根据公式：

$$i_{13}^{H}=\frac{n_1^{H}}{n_3^{H}}=\frac{n_1-n_H}{n_3-n_H}=-\frac{z_3}{z_1}n_1=0$$

$$得\quad i_{3H}=\frac{n_3}{n_H}=1+\frac{z_1}{z_3}=1+\frac{105}{135}=1.78$$

2. 解：当齿圈固定（$n_3=0$），太阳轮主动，行星架从动时，由：

$$i_{13}^{H}=\frac{n_1^{H}}{n_3^{H}}=\frac{n_1-n_H}{n_3-n_H}=-\frac{z_3}{z_1}\quad n_3=0$$

$$得\quad i_{1H}=\frac{n_1}{n_H}=1+\frac{z_3}{z_1}=1+\frac{50}{20}=3.5$$

$$n_H=\frac{n_1}{i_{1H}}=\frac{1\ 400}{3.5}=400\ (\text{r/min})$$

模块四　平面连杆机构

课题一　铰链四杆机构

一、填空题

1. 移动、转动
2. 形状、相对长度、机架
3. 极限、曲柄、连杆、曲柄
4. 1、0、无
5. 转动
6. 小于、等于、机架、曲柄
7. 空程、生产效率
8. 传动角、有利、40°、50°

二、选择题

1. D　2. A　3. D　4. B　5. A

三、判断题

1. ×　2. ×　3. ×　4. √　5. ×　6. ×

四、简答题

1. 答：平面连杆机构是一些刚性构件用转动副或移动副相互连接而组成的机构。

2. 答：铰链四杆机构的基本形式有曲柄摇杆机构、双曲柄机构、双摇杆机构是根据曲柄存在的条件来分的。

3. 答：曲柄摇杆机构中，曲柄虽做等速转动，而摇杆摆动时空回行程的平均速度却大于工作行程的平均速度，从而使得摇杆在往复摆动相同的角度时，工作行程所用的时间长，而空回程所用的时间不同短，从而出现了回程快的特性。这种现象称为急回运动。

五、计算题

1. 解：(1) 1 个　(2) a 杆
2. 解：AB 或 CD；双摇杆；双曲柄

课题二　铰链四杆机构的演化

一、填空题

1. 基本形式、尺寸关系、杆件

2. 曲柄滑块

3. 曲柄滑块、导杆机构、曲柄摇块

4. 机架、固定机架、曲柄、移动

二、选择题

1. A　2. A

三、判断题

1. √　2. √　3. √

四、简答题

1. 答：如图 a 所示的四连杆机构中，杆件 2 的长度小于机架 1，便可以绕机架 1 做整周转动，但导杆 4 只能做摆动，称为曲柄摆动导杆机构。如图 b 所示的四连杆机构中，杆件 2 的长度大于机架 1，杆件 2 和导杆 4 都可以绕机架 1 做整周转动，称为曲柄转动导杆机构。

2. 答：汽车发动机中的曲柄滑块机构是以滑块为主动件。不存在卡死现象，因汽车发动机中曲柄滑块机构已经采取了克服死点的方法，即利用惯性、错列各缸的曲柄滑块机构的方式来克服死点。

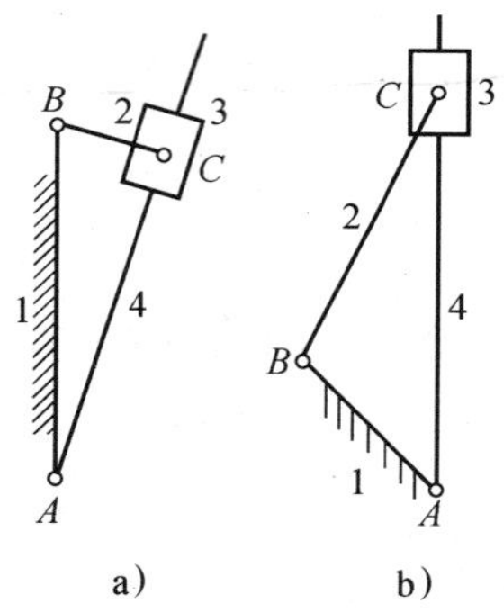

模块五　凸 轮 机 构

课题一　凸轮机构的应用和类型

一、填空题

1. 曲线、凹槽、运动规律

2. 盘形凸轮、圆柱凸轮、移动凸轮、尖顶从动件、滚子从动件、平底从动件

3. 凸轮、从动杆、机架

4. 冲击载荷、磨损

二、选择题

1. B 2. A 3. C 4. A 5. B 6. A

三、简答题

1. 答：凸轮机构主要由凸轮、从动杆、机架三个部分组成。

2. 答：凸轮机构从动件的形式有尖顶、滚子、平底从动件。

3. 答：(1) 凸轮机构可以用在对从动件运动规律要求严格的场合，也可根据实际需要任意拟定从动件的运动规律。

(2) 凸轮机构可以高速启动、动作准确可靠。

(3) 凸轮机构是高副机构，单位面积上承载压力较高，易磨损，寿命低。

(4) 凸轮机构能传递较复杂的运动，但对复杂的运动特性要求，精确分析和设计凸轮的轮廓曲线比较困难。

课题二　凸轮机构从动件的运动规律

一、填空题

1. 最小半径、最小半径

2. 等速运动规律、等加速等减速运动规律

3. ≤30°、70°～80°

4. 凸轮的轮廓曲线

5. 从动件、常数

6. 基圆半径、压力角、滚子半径

二、判断题

1. × 2. × 3. × 4. × 5. √ 6. × 7. √ 8. ×

三、简答题

1. 答：等速运动从动件的位移曲线是斜直线。这种运动规律的缺点是在行程开始和终了时加速度无穷大，致使机构发生强烈的冲击。这种运动规律适用于低速、轻载和特殊要求的凸轮机构中。

2. 答：等加速等减速运动从动件的位移曲线是抛物线。这种规律特点是速度曲线连续，避免了刚性冲击。缺点是加速度曲线在运动的起始、中点和终止位置发生有限突变，产生柔性冲击。这种运动规律适用于凸轮作中速回转、从动件质量不大的场合。

3. 答：凸轮轮廓上的最小半径 r_b 称为基圆半径，以凸轮的最小半径 r_b 所作的圆称为凸轮的基圆。

从动杆的最大位移叫作行程。

从动杆与凸轮接触的某一点，该点的法线方向与从动杆运动方向所夹的锐角 α 称为凸轮压力角。

模块六　理论力学基础

课题一　静力学基础

一、填空题

1. 分离体、受力图

2. 力系、静止、匀速直线、平衡

3. 机械、物体、施力、受力

4. 形状、大小、刚体

二、选择题

1. B、C　2. B

三、判断题

1. √　2. ×　3. ×　4. ×　5. ×　6. ×　7. ×

四、简答题

1. 答：力的三要素为力的作用点、力的方向、力的大小。

把力的三要素用带箭头的有向线段表示出来叫力的图示。线段的长度表示力的大小，箭头的指向表示力的方向，线段的起始点或终止点表示力的作用点。

2. 答：二力平衡公理：两个力的同时作用在同一个物体上。

作用与反作用公理：两个物体间的作用力与反作用力分别作用在两个物体上。

举例：球悬挂于绳端，球受到的重力，绳对球的拉力属于二力平衡。球对绳的拉力，绳对球的拉力属于作用力与反作用力。

3. 答：限制物体某些运动的条件称为约束。

工程上常见的约束有光滑面约束、铰链约束、柔体约束、固定端约束。

光滑面约束反作用力通过接触点，方向总是沿接触面公法线而指向受力物体；固定铰链约束其约束反力必沿着接触面的公法线且通过销子中心；活动铰链约束其约束反力的作用线必通过铰链中心，并垂直于支承面；柔体约束约束反力作用于连接点，方向沿着柔索而背离物体；固定端约束根据实际情况具体分析。

4. 答：力的平行四边形法则：作用于物体上同一点的两个力，可以合成一个合力。合力也作用于该点，合力的大小和方向，用这两个力为邻边所构成的平行四边的对角线确定。

五、作图题

1. 提示：要表示出力的三要素：力的大小、方向、作用点。

2. 提示：曲杆是二力构件，要使曲杆平衡，在 A、B 两点作用的必须是一对平衡力。

3.

图 a：A 处是光滑面约束，A 处约束反力通过接触点垂直于 A 面指向小球。

图 b：A 点对小球作用力通过球心，指向小球，或者作用力垂直于 A 点处小球的切面通过 A 点指向小球。

图 c：A、B 两处柔体约束，通过连接点沿着柔索而背离物体。

图 d：A、B 两点处光滑面约束的约束反力应指向小球。

图 e：A、B、C 三处是点与面接触，约束反力垂直于接触面而指向物体。

图 f：A 处约束反力垂直于接触面而指向小球。B 处作用力沿着绳索而背离物体。

图 g：B 处作用力垂直接触面指向物体，A 点作用力通过 N_B 与 Q 的交点并指物体。

图 h：A 处没有约束反力。

图 i：A、B、D 处的约束力垂直于杆件，指向杆件。

4. 提示：日光灯受重力 W 并与绳索的拉力 T_1、T_2 三力汇交于一点。

5. 提示：球 A 受重力 G，绳的拉力 T_B 沿绳索方向背离小球，这是一对平衡力。绳 BC 受小球拉力 T_B' 背离绳索，天花板对绳拉力 T_C 背离绳索这是一对平衡力。绳与球之间的相互作用力，绳与天花板之间相互作用力是两对作用力与反作用力。

6. 提示：物体受两根柔索的作用力 T_B、T_A 分别沿着柔索而背离物体。

7. 提示：物体 A、B 处受的力垂直于支持面，通过接触点，指向物体，在 C 处的作用力沿着柔索通过 C 点背离物体。

8. 提示：B、D、E 三处 AB 杆受的力通过接触点，垂直于接触面而指向 AB 杆，另外受重力作用。

9. 提示：图 a 在 A 点受垂直于球切面通过 A 点指向球的作用力 N_A，B 点受通过 B 点沿着绳索背离球的作用力 T_B。

图 b 在 A、B 两点处受作用力垂直于接触面，通过 A、B 两点并指向小球。

10. 提示：图 a 杆 AB 在 C 处受沿着绳索背离杆 AB 的拉力 T_c，在 A 处水平向右的约束力 X_A 和竖直向上约束反力 Y_A。

图 b 在 A、B 两点处受通过 A、B 两点垂直于墙壁指向杆体本身的作用力。D 处受通过 D 点竖直向上的作用力。

11. 提示：B 处受的作用力通过 B 点竖直向上。A 处固定铰链对钢架作用力可用两

个垂直分力 X_A、Y_A代替或用三力平衡汇交定理直接确定。

课题二　平面汇交力系及平衡

一、填空题

1. 各力的作用线、同一平面内、相交于一点

2. 不平行的力、作用线、力平衡汇交

3. 力多边形、封闭、合力

4. 各力的作用线、同一平面、平面、空间

二、选择题

1. D、A、B　2. B　3. C

三、判断题

1. ×　2. √　3. ×　4. √　5. √

四、简答题

1. 答：力的多边形法则是指利用几何法求解力系的合力时，只要将力系中各力依次首尾相接地连成折线，然后用一有向线段连接折线的首末两点，即可得一封闭的多边形，封闭边即为该力系的合力。

2. 答：平面汇交力系是作用于物体上各力的作用线都在同一平面内且相交于一点的力系。

平面汇交力系的平衡条件为合力等于零。

3. 答：合力投影定理是合力在任一轴上的投影等于各分力在同一轴上的投影代数和。

设有平面汇交力系 F_1、F_2、…、F_n，且各力在 x 轴上的投影为 F_{1x}、F_{2x}、…、F_{nx}，各力在 y 轴上的投影 F_{1y}、F_{2y}、…、F_{ny}；合力 R 在 x 轴、y 轴上的投影分别为 R_x、R_y，由合力投影定理得 R_x、R_y可计算合力 R 的大小和与 x 轴的夹角。

合力 R 的指向要根据 $\sum F_x$和 $\sum F_y$的正负号确定，合力 R 的作用点仍通过力系的汇交点。

五、作图、计算题

1. 图 a A 处约束反力应根据三力平衡汇交定理确定。S_B、G、N_A三力平衡汇交在同一平面内，所以它们相交于一点。

图 b B 处于约束反力垂直墙面指向杆件 AB，固定铰链 A 处受力根据三力（B、Q、A）平衡汇交定理确定。

图 c 由于 AC、BC 两杆为二力杆，所以 N_A、N_B应沿杆件 CA、CB 而背离杆件。

2. 图 a 中 *BC* 为二力杆件、在 *B*、*C* 两处受力沿杆件方向。*AB* 为三力构件、受力符合三力平衡汇交定理。销子 *B* 处杆件 *AB* 与杆件 *BC* 存在作用力与反作用力的关系。

图 b 中杆 *AB*、*BC* 为二力杆件，受力沿杆件方向，销子 *B* 受力符合三力平衡汇交定理。

图 c 中 *AB* 是二力杆件，在 *A*、*B* 两处受力沿杆件方向，*BC* 杆受力符合三力平衡汇交定理。其中销子 *B* 处杆件 *AB* 与杆件 *CB* 存在作用力与反作用力的关系。

图 d 中 *BC* 是二力杆件，*B*、*C* 两处受力沿杆件方向，*AB* 杆受力符合三力平衡汇交定理。销子 *B* 处 *BC* 杆与 *AB* 杆存在作用力与反作用力的关系。

3. *AC* 杆是二力杆件，受力沿 *AC* 连线方向背离 *A*、*C* 两点。在 *C* 处杆件 *AC* 与 *DB* 存在作用力与反作用力的关系，据此确定 *DB* 杆在 *C* 处受力方向，再据三力平衡汇交定理确定固定铰链 *B* 对杆件 *DB* 的作用力。

4. 图 a 中 *AB* 杆是二力杆，受力受杆件方向背离 *B*、*C* 两点，在 *B* 处杆件 *CB* 与 *ADB* 存在作用力与反作用力的关系，据此确定 *B* 处杆 *CB* 对 *AB* 的作用力，再据三力平衡汇交确定 *A* 处对杆 *ADB* 的作用力。

图 b 的受力分析方法与图 a 相同。

5. 解：活动铰链 *B* 约束反力垂直支持面而指向杆件 *AB*，固定铰链 *A* 约束反力据三力（R_A、F、R_B）平衡汇交定理确定。

6. 解：

图 a $\sum x = -F_2 - F_3\sin30° + F_4\sin45° = 107$（N）

图 b $\sum y = -F_1 - F_3\cos30° - F_4\sin45° = -727$（N）

$$\sum X = F_1 + F_2\cos45° - F_3\cos60° - F_4 = -588 \text{（N）}$$

$$\sum Y = F_2\sin45° + F_3\sin60° = 612 \text{（N）}$$

图 c $\sum X = F_1 - F_2\sin45° - F_3\sin45° + F_4\cos30° = 729$（N）

$$\sum Y = F_2\cos45° - F_3\cos45° - F_4\sin30° = -712 \text{（N）}$$

课题三　力矩与力偶

一、填空题

1. 大小、垂直距离

2. 乘积、正负号、转动效果、力 *F* 对 *O* 点的矩、力矩、m_o（*F*）、力矩中心、正值、负值

3. 各力、代数和

4. 大小相等、方向相反、作用线平行但不在同一直线上的两个力

5. m_o（*F*，*F'*）、*m*、$m = \pm Fd$、两力之间的垂直距离、正、负

6. 平行、力偶、原力、附加力偶

二、选择题

1. D　2. C、G；A、F、H、I；B、D、E

三、判断题

1. √　2. ×

四、简答题

1. 答：大小相等，方向相反，作用线平行，但不在同一直线上的两个力组成的力系称为力偶。

力偶的性质：力偶的合力为零；力偶只能用力偶来平衡。

2. 答：乘积 Fh 并冠以正负号作为力 F 使物体绕 O 点转动效果的度量，称为力 F 对 O 点的矩，简称力矩。

3. 答：当作用于转动物体上的力，其逆时针转向的力矩之和等于其顺时针转向的力矩之和时，那么转动物体处于平衡状态。或者说，作用于转动物体上的所有力的力矩代数和等于零，则转动物体将静止不动。这就是力矩平衡条件。

4. 答：力偶的两个力的作用线平行，但不在同一直线上组成的力系，且作用于在同一物体上。

作用力和反作用力在同一直线上的两个力，而且作用在相互作用的两个物体上。二力平衡两个力作用在同一直线上，且作用于在同一物体上。

5. 提示：由于力矩的作用。

五、计算题

1. 解：$F_A \times 10 - P \times 5 - Q \times 3 = 0$

$F_A = 42$（kN）

A 端钢轨受到压力 42 kN，向下。

$F_B \times 10 - P \times 5 - Q \times (10-3) = 0$

$F_B = 58$（kN）

B 端钢轨受到压力 58 kN，向下。

2. 解：以 O 点为固定转动轴，则：

$Q \times 60 - F\sin 30° \times 50 - F\cos 30° \times 300 = 0$

$Q = 1\ 400$（N）向上

支座 O 的约束反力 $R_y = Q - F\sin 30° = 1\ 250$（N）　向下

$R_x = F\cos 30° = 255$（N）　向右

课题四　平面任意力系及平衡

一、填空题

1. 同一平面内、任意分布

2. 在两个不同方向的坐标轴 x、y 上投影的代数和等于零、对力系所在平面内任意点 O 的力矩的代数和等于零

3. $\sum F_x=0$、$\sum F_y=0$、$\sum m_o(F)=0$、三个

4. $\sum m_A(F)=0$、$\sum m_B(F)=0$、$\sum F_x=0$、$\sum m_A(F)=0$、$\sum m_B(F)=0$、$\sum m_c(F)=0$

二、选择题

1. B、D　2. B、A、C　3. B

三、判断题

1. ×　2. √

四、简答题

1. 答：求解平面任意力系平衡问题时，为了简化计算，使尽量多的力与坐标轴平行或垂直原则选择平面直角坐标系，通常将矩心选在 n 个未知力的交点上或未知力的作用线上。

2. 答：平面汇交力系、平面力偶系和平面平行力系的都是平面任意力系的特例，所以平面汇交力系、平面力偶系和平面平行力系的平衡方程都是平面任意力系平衡方程的特殊情形。

五、计算题

1. 提示：(1) 首定二力杆：先分析斜杆 CD 的受力情况。斜杆的自重不计，只在杆的两端 C 和 D 处分别受到铰链 C 和 D 的约束反力 F_C 和 F_D 的作用。显然 CD 杆是一个二力杆，CD 杆的受力图如下。

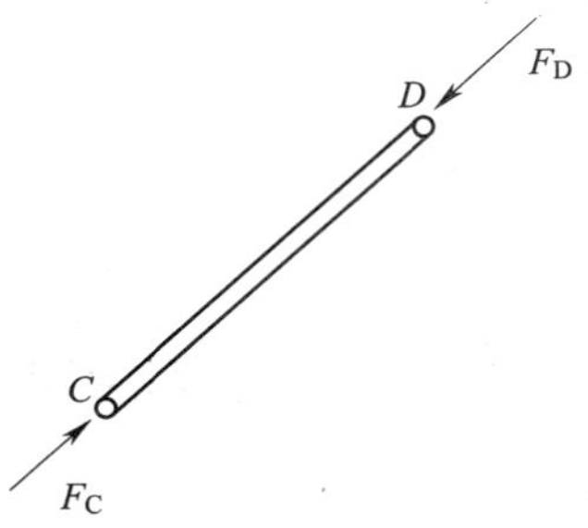

(2) 充分应用作用与反作用定理，确定梁 AB 在铰链 D 处受到 CD 杆给它的约束反力 F'_{RD} 的方向。梁 AB 还受到 A 处固定铰链约束，其约束反力方向未知，可用两个大小未定的垂直分力代替。此外，它还受到两个主动力 G、G_1 的作用。受力图如下。

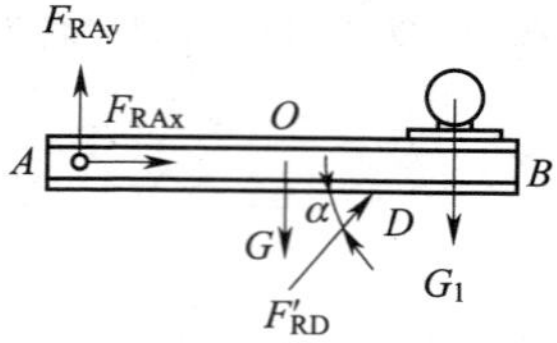

2．解：（1）确定研究对象，进行受力分析，画出其受力图。

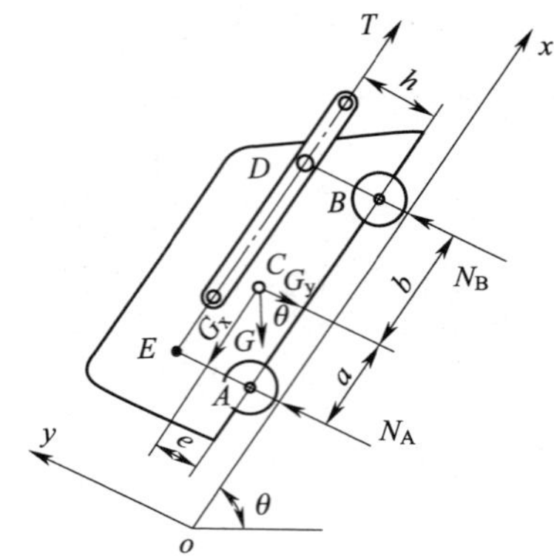

（2）选坐标轴如图，让 x 轴和 y 轴分别与未知力 N_A、N_B和 T 垂直。将重力 G 分解为 G_x 和 G_y，其中

$$G_x = G\sin 60° = 240 \times 0.866 = 207.8\ (\text{kN})$$

$$G_y = G\cos 60° = 240 \times 0.5 = 120\ (\text{kN})$$

（3）据平面任意力系的平衡条件，列平衡方程，求解未知量。

取两未知力 T 与 N_A 的交点 E 为矩心，列平衡方程，求解未知量。

$$\sum F_x = 0 \qquad T - G_x = 0$$

$$\sum F_y = 0 \qquad N_A + N_B - G_y = 0$$

$$\sum m_E(F) = 0 \qquad N_B(a+b) - G_x(h-e) - G_y a = 0$$

$$T = G_x = 207.8\ (\text{kN})$$

$$N_B = \frac{G_x(h-e) + G_y a}{a+b} = 84.6\ (\text{kN})$$

$$N_A = G_y - N_B = 120 - 84.6 = 35.4\ (\text{kN})$$

模块七　材料力学基础

课题一　杆件变形的基本形式

一、填空题

1．杆件

2. 拉伸（压缩）变形、剪切变形、扭转变形、弯曲变形

3. 抵抗破坏、抵抗变形、平衡形态

4. 强度、刚度、稳定性

二、判断题

1. √ 2. × 3. × 4. √ 5. √ 6. √ 7. √

三、名词解释

1. 拉伸或压缩

杆件两端受大小相等、方向相反、作用线与杆件轴线重合的一对外力的作用，而产生的变形，称为拉伸或压缩变形。

2. 剪切

杆件受大小相等、方向相反、作用线相距很近的一对横向力作用而产生变形，称为剪切变形。

3. 扭转

杆件两端受大小相等、方向相反、作用面垂直于杆轴线的一对力偶作用而产生变形，称为扭转变形。

4. 弯曲

杆件两端受一对大小相等，方向相同，作用面处于杆件的包含杆轴线的纵向平面内力偶作用或受垂直于杆件轴线的横向力作用而产生变形，称为弯曲变形。

课题二　拉伸与压缩

一、填空题

1. 其他构件作用于其上的力、产生的一种抵抗变形的抵抗内力

2. 沿着杆件的轴线的内力、拉伸、压缩

3. 工作应力、许用应力、$\sigma = \frac{N}{A} \leqslant [\sigma]$

4. 正比例、弹性模量、材料

5. 比例极限、正比、反比、$\Delta L = \frac{NL}{EA}$

二、选择题

1. A、B 2. B 3. A 4. A 5. A 6. C

三、判断题

1. √ 2. × 3. × 4. ×

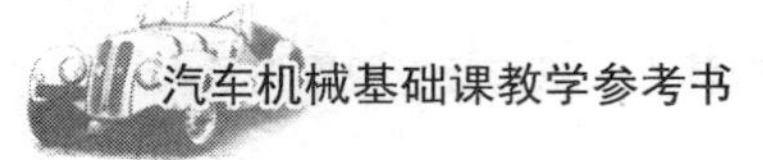

四、简答题

1．答：受拉伸或压缩的杆件其受力特点是作用在直杆两端的合外力，大小相等，方向相反，力的作用线与杆件的轴线重合。其变形特点是：杆件沿轴线方向伸长（或缩短）。

2．答：构件在外力作用下，单位面积上的内力，称为应力。杆件受拉（压）作用时，应力是均匀分布在横截面上的。如果拉（压）杆的轴力 N 垂直于横截面，则应力也垂直于横截面，这样的应力称为正应力，以符号 σ 表示。切于截面的应力称为“切应力”（或称为“剪应力”），以符号 τ 表示。

3．答：不同材料有不同的许用应力值，它和材料的力学性能有关。许用应力是通过对材料进行试验和考虑各有关因素来确定的。为了保证构件正常工作，一般不允许构件在受力后发生断裂或者发生过量的塑性变形。所以不能将材料破坏时的极限应力作为许用应力。还要考虑到计算中的误差和工作中可能出现超负荷等情况，故许用应力一般只能取极限应力的几分之一。具体许用应力值可查阅有关手册。

五、计算题

1．解：

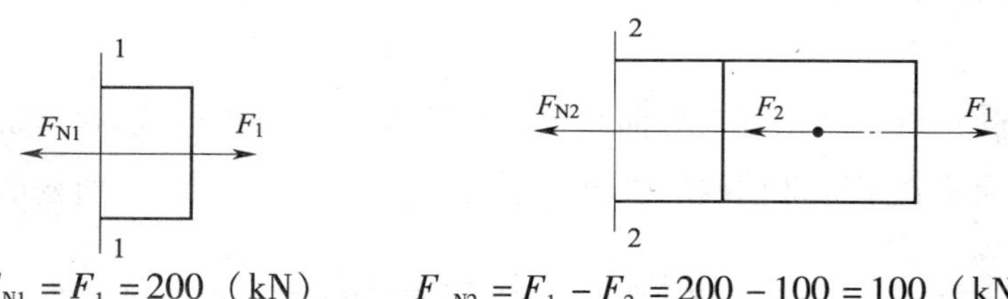

$F_{N1}=F_1=200$（kN）　　$F_{N2}=F_1-F_2=200-100=100$（kN）

2．解：1－1 截面 $N_1=-10$ kN；2－2 截面 $N_2=-40$ kN；3－3 截面 $N_3=0$ kN。

3．提示：准确计算 $A-A$ 截面面积（铣去的槽面积可近似为矩形，面积为 $d\times d/4$，暂时不考虑应力集中）。用截面法求 $A-A$ 和 $B-B$ 截面上的内力相等，但两截面的面积不等。

工作应力大的截面就是危险截面，所以 $A-A$ 截面危险截面，$\delta_A=\dfrac{N}{A_A}$，$\delta_B=\dfrac{N}{A_B}$。

4．解：螺栓所受轴力 $N=2.5$（kN）

所以螺栓强度符合要求　$\delta=\dfrac{N}{\dfrac{\pi d_1^2}{4}}=13.6$（MPa）$<[\delta]=50$（MPa）

5．解：$\Delta L=\Delta L_1+\Delta L_2=\dfrac{NL_1}{EA_1}+\dfrac{NL_2}{EA_2}=0.403$（mm）

课题三　剪切与挤压

一、填空题

1. 剪力、Q、剪应力、τ

2. σ_{jy}、MPa、$\sigma_{jy}=\dfrac{P}{A_{jy}}$

3. bl、πdb、bl

4. $2ab$

5. $3dt$

二、选择题

B、C

三、判断题

1. ×　2. √　3. √　4. √　5. √

四、简答题

1. 答：两个力大小相等、方向相反，但作用线不在一条直线上，而且相距很近的距离。故在这样的外力作用下，在作用这样的两个力的各截面之间，有沿着作用力方向发生相对错动或者错动趋势，这种变形称为剪切变形。产生相对错动的截面称为剪切面，剪切面与外力作用线平行。

2. 答：剪切面位于构成剪切的两力之间，剪切面面积可根据受剪切的横截面形状进行计算。

挤压面一般有平面和曲面两种，挤压面为平面，挤压面的面积 A_{jy} 就是传力的接触面积。挤压面近似为半圆柱面，为了简化计算，一般取通过圆柱直径的平面面积（即圆柱的正投影面面积）作为挤压面的计算面积。

3. 提示：从剪力与剪切面面积方面解答；从挤压力与挤压面面积方面解答。

五、计算题

1. 提示：由题图可知，插销有两个剪切面，用截面法求内力可得每个剪切面上的剪力：$F_Q=F/2$，剪切面积：$A=\pi d^2/4$。由抗剪强度条件得：

$$\tau=F_Q/A=\frac{F/2}{\pi d^2/4}\leqslant[\tau]$$

则 $d\geqslant\sqrt{\dfrac{2F}{\pi[\tau]}}=\sqrt{\dfrac{2\times24\ 000}{60\times3.14}}=15.96$（mm）

按剪切强度条件选取插销直径 $d=16$ mm。

2. 提示：注意准确判断计算剪切面面积；冲孔过程是利用剪切破坏来加工零件

的，即工作切应力 $\tau = F_Q/A \geqslant \tau_b$；冲床所需的冲裁力 $F = F_Q$。

3. 提示：轴力　$N = F$

受拉面：$A_1 = \frac{\pi d^2}{4}$　　拉伸强度条件：$\sigma = \frac{F}{A_1} \leqslant [\sigma]$

受剪面：$A_2 = \pi db$　　剪切强度条件：$\tau = \frac{F}{A_2} \leqslant [\tau]$

受挤面：$A_3 = a^2 - \pi d^2$　　挤压强度条件：$\sigma_{jy} = \frac{F}{A_3} \leqslant [\sigma_{jy}]$

4. 提示：因为 $F \leqslant [\sigma] \frac{\pi d^2}{4}$

$F \leqslant [\tau] \pi dh$

$F \leqslant [\sigma_{jy}] \frac{3d^2}{4}$

所以拉杆的许可载荷为 24 115 N。

课题四　扭　　转

一、填空题

1. 对圆心成线性分布、方向与半径垂直，轴的边缘处、$\tau_{max} = \frac{M_n}{W_n}$

2. 力偶、力偶、垂直、相对转动、扭转

3. 横坐标、纵坐标、适当比例、扭矩图

二、选择题

1. A　2. B　3. A、E　4. A

三、判断题

1. √　2. √　3. ×

四、简答题

1. 答：横截面分布有剪应力，没有正应力。

圆轴扭转时，横截面上剪应力的分布规律为：横截面上某点的剪应力与该点至圆心的距离成正比，方向与过该点的半径垂直，圆心处剪应力为零，圆周上剪应力最大，剪应力沿截面半径成直线规律分布。横截面上没有正应力。

2. 答：在圆轴扭转时，应力呈三角形分布，边缘最大，靠近轴心部分处的应力很小。当边缘的切应力达到 [τ] 时，靠近轴心的那部分材料还远未达到 [τ]。为了充分利用材料，我们就将圆轴的中心部分省去，使它变成一根空心轴。这样，它的强度并未削弱多少，但是却大大减轻了自重，并可以节省材料。所以从力学角度来看，扭转时采用空心圆轴要比采用实心圆轴来得经济、合理，目前机械制造中已广泛采用。当然如果将直径较小的长轴加工成空心轴，则因工艺复杂，反而增加成本，并不经济。此外，空心轴体积较大，在机器中要占用较大空间，也是它的缺点。

五、计算题

1．解：$M_A = 9\ 550 P_A / n = 1\ 592$（N·m）

$M_B = 9\ 550\ P_B / n = 955$（N·m）

$M_C = 9\ 550 P_C / n = 637$（N·m）

从动力偶矩 M_B 和 M_C 的方向与轴的转向相反。

1－1 上的扭矩 M_1：$M_1 = M_A = 1\ 592$（N·m）

2－2 上的扭矩 M_2：$M_2 = M_A - M_B = 637$（N·m）

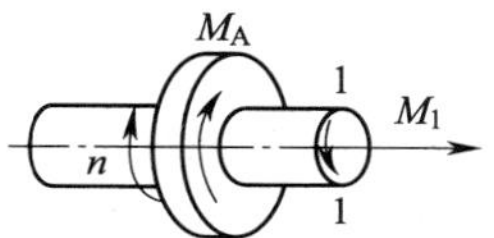

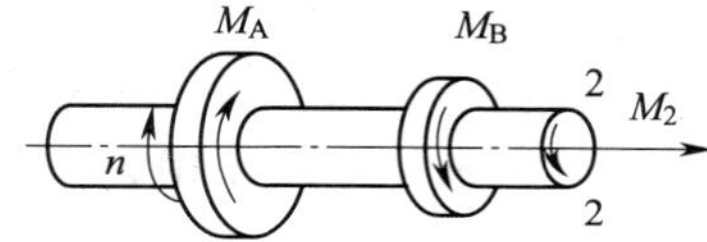

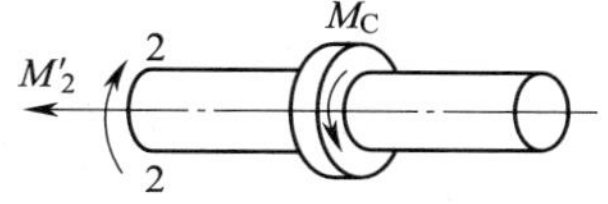

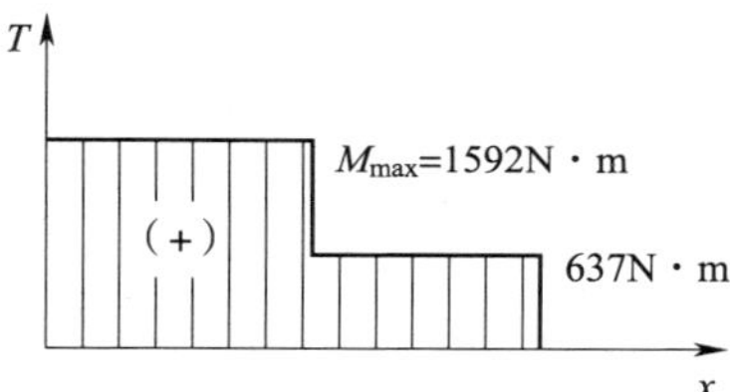

2．解：AB 扭矩为：$M_{AB} = -M_1 = -351$（N·m）

BC 段的扭矩为：$M_{BC} = -M_1 - M_2 = -702$（N·m）

CD 段的扭矩为：$M_{CD} = -M_4 = -1\ 170$（N·m）

轴的最大扭矩处在 CD 段。

按照强度条件计算：$\frac{M_{CD}}{W_n} = \frac{M_{CD}}{\pi d^3/16} \leqslant [\tau]$

$d \geqslant \sqrt[3]{\frac{M_{CD} \times 16}{\pi [\tau]}} = 46.3$（mm）

工程上常把实际轴径取成标准值，本题可取 $d = 48$ mm。

3．解：$M_1 = 9\ 550 \times \frac{P_1}{n} = 255$（N·m）

$M_2 = 9\ 550 \times \frac{P_2}{n} = 159$（N·m）

$$M_3 = 9\ 550 \times \frac{P_3}{n} = 96\ (\text{N} \cdot \text{m})$$

将主动轮放在中间比较合理，$M_{max} = 159\ \text{N} \cdot \text{m}$。

4. 解：$M_n = 9\ 550 \times \dfrac{P_1}{n}$

$$W_n = \frac{\pi D^3}{16}$$

$$\tau_{max} = \frac{M_n}{W_n} \leqslant [\tau]$$

P_1最大为 105 kW。

5. 解：$M_n = FD$

$$W_n = \frac{\pi d^3}{16}$$

$$\tau_{max} = \frac{M_n}{W_n} = 33.9\ (\text{MPa}) \leqslant [\tau] = 50\ (\text{MPa})$$

所以转向轴直径符合要求。

课题五　直梁的弯曲

一、填空题

1. 凡是以弯曲变形为主的杆件、简支梁、悬臂梁、外伸梁
2. 剪力、弯矩、弯矩
3. 凹面向上、凹面朝下
4. 该点到中性轴的距离、垂直、梁边缘处、中性轴处
5. 工字形、竖放的矩形、圆形

二、选择题

1. A、D　2. A　3. B　4. A

三、判断题

1. ×　2. ×　3. √　4. ×　5. √　6. √

四、简答题

1. 答：梁弯曲时，所有横截面仍保持平面，梁的凸边纤维层伸长，凹边纤维层缩短，中间一层纤维既不伸长也不缩短，该层称为中性层，中性层与横截面的交线称为中性轴。

2. 答：纯弯曲梁横截面上只有正应力，梁的凸边纤维伸长，应为拉应力；梁的凹边纤维缩短，应为压应力。则正应力的分布规律为：横截面上各点正应力的大小，与

该点到中性轴的距离成正比。梁边缘处的正应力最大，中性轴处的正应力为零。

3. 答：梁的抗弯截面模量 Wz 是反映梁横截面抵抗弯曲破坏能力的一个几何量，其值只与截面的几何形状及尺寸有关。

五、计算题

1. 解：(1) 剪力为 P、弯矩为零。

(2) 剪力为零、弯矩为 $-M$。

(3) 剪力为 P、弯矩为 M。

2. 解：左图最大弯矩 $M_{max}=F\dfrac{L}{2}$，右图最大弯矩 $M_{max}=F\dfrac{3L}{4}$。

3. 解：最大弯矩 $M=FL=-10\ 000$（Nm），最大正应力 $\delta_{max}=\dfrac{M}{W_z}=98$ MPa。

4. 解：压板可以简化成下图所示的简支梁，由平衡方程 $\sum M_A(F)=0$，$\sum F_y=0$ 求得 $F_2=6$ kN，$F_C=2$ kN。计算弯矩 $M_W=F_1x$，$x=L$ 时弯矩最大，即最大弯矩在截面 B 处 $M_W\max=F_1L=4\times60=240$ N·m。

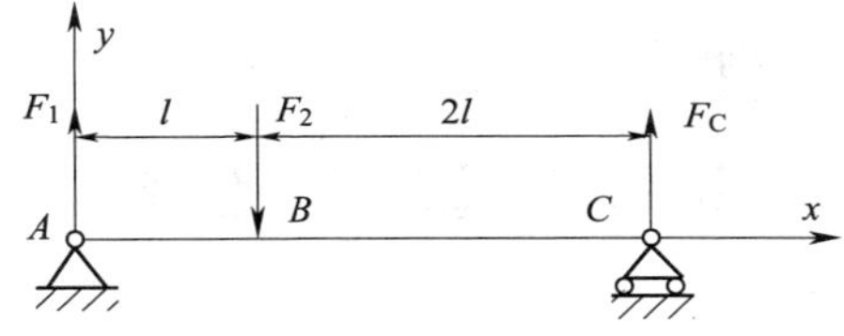

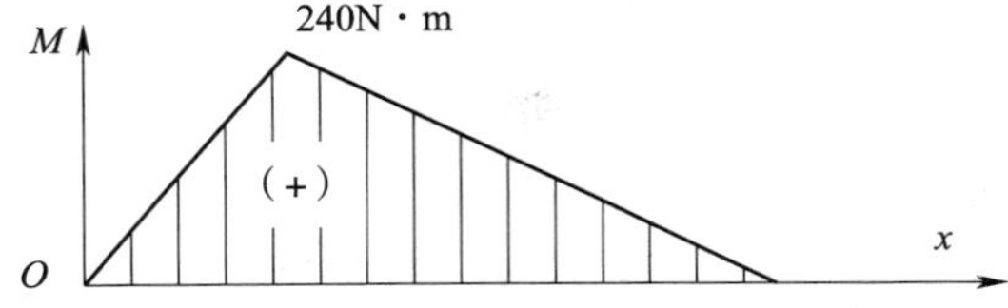

模块八　轴 系 零 件

课题一　轴

一、填空题

1. 支承回转零件、运动和动力
2. 直轴、曲轴
3. 曲轴、平面连杆
4. 心轴、传动轴、转轴

5. 配合轴颈、支撑轴颈

6. 轴肩、轴环、轴端挡圈、轴套、圆螺母

7. 键连接、销连接、螺钉连接，过盈配合连接

8. 强度、刚度

9. 优质碳素结构钢、合金结构钢

二、选择题

1. A 2. B 3. C 4. B 5. C 6. C 7. A

三、判断题

1. √ 2. × 3. × 4. √ 5. √ 6. × 7. × 8. ×

四、简答题

1. 答：轴上的零件应有可靠的定位和固定；轴应便于加工和尽量避免或减少应力集中；轴上零件应便于安装和拆卸。

2. 答：心轴：只承受弯矩，不承受转矩，起支承作用。

传动轴：主要承受转矩，不承受弯矩或承受很小弯矩，仅起传递动力的作用。

转轴：既承受弯矩又承受转矩。

课题二 滚动轴承

一、填空题

1. 旋转精度、磨损

2. 向心轴承、推力轴承、向心推力轴承

3. 内圈、外圈、滚动体、保持架

4. 球、圆柱滚子、螺旋滚子、圆锥滚子、鼓形滚子、滚针

5. 推力球轴承，尺寸系列代号为14，轴承内径 $d=120$ mm。

深沟球轴承，尺寸系列代号为00，轴承内径 $d=25$ mm。

圆锥滚子轴承，尺寸系列代号为03，轴承内径 $d=80$ mm。

角接触球轴承，尺寸系列代号为32，轴承内径 $d=15$ mm。

二、选择题

1. A 2. A 3. A 4. B 5. A

三、判断题

1. × 2. × 3. × 4. × 5. × 6. ×

四、简答题

1. 答：滚动轴承具有摩擦阻力小、易启动、对转速及工作温度的适用范围宽、轴

向尺寸小、润滑及维修保养方便、有较好的互换性等优点。

2. 答：选用滚动轴承时应考虑的因素为轴承所受的载荷、轴承的转速、轴承调心性能、轴承尺寸、轴承刚性、经济性。

课题三　滑 动 轴 承

一、填空题

1. 径向滑动轴承、止推滑动轴承
2. 液体摩擦（润滑）、非液体摩擦（润滑）
3. 整体式滑动轴承、对开式滑动轴承、自动调心轴承
4. 实心止推滑动、空心止推滑动、多环止推滑动
5. 滴油润滑、飞溅润滑、油环润滑、压力润滑

二、选择题

1. D　2. C　3. C　4. C　5. B

三、判断题

1. √　2. √　3. √　4. ×　5. ×

四、简答题

1. 答：整体式滑动轴承结构简单，价格低廉，但轴的装拆不方便，磨损后轴承的径向间隙无法调整，适用于轻载低速或间歇工作的场合。

2. 答：对开式轴瓦靠两端凸缘作轴向固定，用销钉或紧定螺钉防止周向转动；在轴瓦不承载部位开有不通的油槽，油槽长度为轴瓦长度的 80%；对于重要的轴承，为提高承载能力，可在轴瓦上浇注轴承衬，此时轴瓦内表面应开出浇注沟槽。

3. 答：优点为承载能力高；工作平稳可靠、噪声低；径向尺寸小，精度高；流体润滑时，摩擦、磨损较小；油膜有一定的吸振能力。

缺点为非流体摩擦滑动轴承摩擦较大，磨损严重；流体摩擦滑动轴承在启动、行车、载荷、转速比较大的情况下难以实现流体摩擦；流体摩擦、滑动轴承设计、制造、维护费用较高。

课题四　联轴器与离合器

一、填空题

1. 连接、不能
2. 对中
3. 半圆筒形、螺栓

4. 变速器

5. 主动部分、从动部分、接合部分、操纵部分

6. 牙嵌式离合器、摩擦式离合器、超越离合器

7. 接合、分离

8. 两种不同

二、选择题

1. B 2. A 3. C 4. A 5. B 6. C 7. B

三、判断题

1. × 2. √ 3. × 4. × 5. × 6. √ 7. ×

四、简答题

1. 答：联轴器是用来连接两根轴或轴和回转件，使它们一起回转，传递转矩和运动，机器在运转过程中两轴或回转件不能分开，只有在机器停止运转，经过拆卸后才能使两轴分离。

类型有凸缘联轴器、夹壳式联轴器、十字滑块联轴器、弹性套柱销式联轴器、弹性柱销联轴器等。

2. 答：十字滑块联轴器属于挠性联轴器（可移式刚性联轴器），它可实现径向方向的补偿。

3. 答：机器在运转过程中主、从动部分在同一条直线上传递动力或运动时，离合器具有结合或分离功能。

离合器类型有牙嵌式离合器、摩擦式离合器、超越离合器。

4. 答：多盘式摩擦离合器的优点是两轴能在任何转速下接合；接合与分离过程平稳；过载时会发生打滑；适用载荷范围大。其缺点是结构复杂，成本较高，产生滑动时两轴不能同步转动。

课题五 制 动 器

一、填空题

1. 锥形制动器、带状制动器、闸瓦制动器

2. 减速直至停车、滑溜

3. 湿式多片、带式、鼓式、盘式

二、选择题

1. A 2. A 3. C

三、判断题

1. × 2. √

四、简答题

1．答：制动器用来降低机器运转速度或使其停止。

2．答：汽车上的制动器的作用是使行驶中的汽车按照驾驶员的要求进行强制减速甚至停车；使已停驶在各种道路条件下的汽车稳定驻车；使下坡的汽车速度保持稳定。

模块九　连　　接

课题一　键　连　接

一、填空题

1．轴和轴上零件、周向固定、传递转矩

2．松键连接、紧键连接

3．平键连接、半圆键连接

4．键 A 20 ×56、键 B 22 ×70

5．楔键连接、切向键连接

6．凸轮轴、凸轮轴

7．外花键、内花键

二、选择题

1．A　2．B　3．C　4．A　5．B　6．A

三、判断题

1．√　2．×　3．√　4．√　5．√　6．×　7．√　8．×

四、分析题

1．（1）楔键，1∶100，1∶1

（2）切向键，切线，一个

（3）上、下面，不工作，对中，较低

（4）a，b

（5）打入

（6）紧键

（7）不能，松脱

2．（1）普通平键，A 型，B 型，C 型，A 型

（2）两侧面，定心，较高

（3）导向平键，较松键连接

（4）半圆键，自位，锥形，深，轻

课题二 销 连 接

一、填空题

1. 圆柱销、圆锥销

2. 定位、作为安全装置中的过载剪断元件，起过载保护作用，传递横向力和扭矩

二、选择题

1. B 2. C

三、判断题

1. × 2. √

四、分析题

1.（1）圆锥形，圆柱形

（2）1∶50 锥度，不影响

（3）过盈配合

（4）不少于 2 个，不能

（5）小于

课题三 螺 纹 连 接

一、填空题

1. 连接螺纹、传动螺纹、左、右

2. 大径、小径、中径、螺距、导程、线数、螺旋升角 λ、压力角

3. 三角形螺纹、梯形螺纹、锯齿形螺纹、矩形螺纹

4. 可靠性、紧密性

5. 摩擦防松、机械防松、永久防松、化学防松

二、选择题

1. B、D 2. B 3. A 4. D 5. C

三、判断题

1. √ 2. × 3. × 4. √ 5. × 6. √ 7. √

四、简答题：

1. 答： 螺距（P）是指相邻两牙在中径圆柱面的母线上对应两点间的轴向距离。

导程（S）是指同一螺旋线上相邻两牙在中径圆柱面母线上的对应两点间的轴向距离。

螺距与导程之间的关系为 $S = nP$。

2. 答：若取一平面图形，使其平面始终通过圆柱体的轴线并沿着螺旋线运动，则这平面图形在空间形成一个螺旋形体，称为螺纹。

3. 答：压力角 α 是指螺纹轴向平面内螺纹牙型两侧边的夹角。

螺纹升角是指中径圆柱面上螺旋线的切线与垂直于螺旋线轴线的平面的夹角。

4. 答：机器工作时，外载荷有振动、交变负载、材料高温蠕变等会造成摩擦力减少，螺纹副中正压力在某一瞬间消失、摩擦力为零，从而使螺纹连接松动，使机器不能正常工作，甚至会造成严重事故。因此，必须进行防松。

模块十　液压与气压传动

课题一　液压传动基本知识

一、填空题

1. 能量转换、机械能、液压能、液体、液压能、机械能

2. 小、大、大、小、吸油、压油

3. (1) 机械能、液压

(2) 液压能、机械能

(3) 压力、流量、流动方向、力、速度、方向

(4) 存储、输送、净化、密封工作液体、散热

(5) 传递能量和运动、润滑

4. 液体处于静止状态时单位面积上受的法向作用力、压强、帕斯卡（Pa，即 N/m^2）

5. 流量、Q、m^3/s、L/min

6. 静压传递原理、液体连续性原理

7. 由于流动液体各质点之间以及液体与管壁之间的相互摩擦和碰撞产生的阻力、能量、压力

二、选择题

1. B　2. B　3. B、C　4. A　5. B

三、判断题

1. ×　2. √　3. √　4. ×　5. ×　6. √　7. ×　8. √

四、简答题

1. 答：根据静压传递原理，即帕斯卡原理，在密闭的容器内施加于静止液体上的

压力，将等值传递到液体内的各点 $P_1 = P_2$、$F_2 = F_1 \frac{A_2}{A_1}$，两活塞的面积之比 A_2/A_1 越大，大活塞升起重物的能力越大。也就是说，在小活塞上施加不大的力，大活塞就可得到较大的作用力将重物 G 举起。

2．答：液压传动的工作原理是以油液为工作介质，依靠密封容积的变化来传递运动，依靠油液内部的压力来传递动力。

3．答：液压传动的优点：

（1）可以在大范围内实现无级调速，而且调速性能良好

（2）传动装置工作平稳、反应速度快、冲击小，能快速启动、制动和频繁换向

（3）在相同输出功率的情况下质量轻、体积小、结构紧凑

（4）易于实现自动化，特别是电、液联合应用时，易于实现复杂的自动工作循环

（5）液压传动工作安全性好，易于实现过载保护，同时因采用油液为工作介质，相对运动表面能自行润滑，故使用寿命较长

（6）液压元件已标准化、系列化和通用化，便于设计、制造、维修和推广使用。

液压传动的缺点：

（1）由于泄漏及流体的可压缩性，无法保证严格的传动比

（2）当油温或载荷变化时，往往不易保持运动速度的稳定

（3）液压元件制造精度要求高，使用维护比较严格

（4）系统的故障原因有时不易查明。

4．答：液压系统对液压油的要求有以下几点：

（1）适宜的黏度和良好的黏温性能

（2）润滑性能好

（3）良好的化学稳定性

（4）对液压装置及相对运动的元件具有良好的润滑性

（5）对金属材料具有防锈性和防腐性

（6）比热容、热传导率大，热膨胀系数小

（7）抗泡沫性好，抗乳化性好

（8）油液纯净，含杂质量少

（9）流动点和凝固点低，闪点（明火能使油面上油蒸气内燃，但油本身不燃烧的温度）和燃点高。

5．答：在管路中流动的液体，其压力损失、流量与液阻之间的关系是液阻增大，将引起压力损失增大，或使流量减小。液压传动中常常利用改变液阻的办法来控制流量和压力。

五、计算题

解：根据静压传递原理：

$$P_1 = P_2$$

$$\frac{F_1}{A_1} = \frac{F_2}{A_2}$$

$$\frac{5\ 880}{1 \times 10^{-3}} = \frac{F_2}{5 \times 10^{-3}}$$

$$G = F_2 = 29\ 400\ (\mathrm{N})$$

根据液流连续性原理：$Q_1 = Q_2$

$$A_1 v_1 = A_2 v_2$$

$$1 \times 10^{-3} \times 0.2 = 5 \times 10^{-3} \times v_2$$

$$v_2 = 0.04\ (\mathrm{m/s})$$

课题二　液压泵与液压缸

一、填空题

1. 转化为、能量转换
2. 密封容积、吸油、压油
3. 低压、中压、高压
4. 液压能、机械能、直线运动、摆动
5. 间隙密封、密封圈密封
6. 活塞式液压缸、柱塞式液压缸、伸缩式液压缸

二、选择题

1. C　2. B　3. A

三、判断题

1. ×　2. √　3. ×　4. √　5. √

四、简答题

1．答：液压泵的工作原理是密封容积由小到大吸油，密封容积由大到小压油，依靠密封容积的交替变化来实现吸油和压油。

2．答：单出杆活塞式液压缸工作特点为活塞往复运动的速度和所受的推力不相等。当无杆腔进油时，因活塞有效面积大，所以速度小，推力大；当有杆腔进油时，因活塞有效面积小，所以速度大，推力小。

3．答：双出杆活塞式液压缸工作特点为往复运动的速度相等，往复运动所需克服的阻力相等。

五、作图题

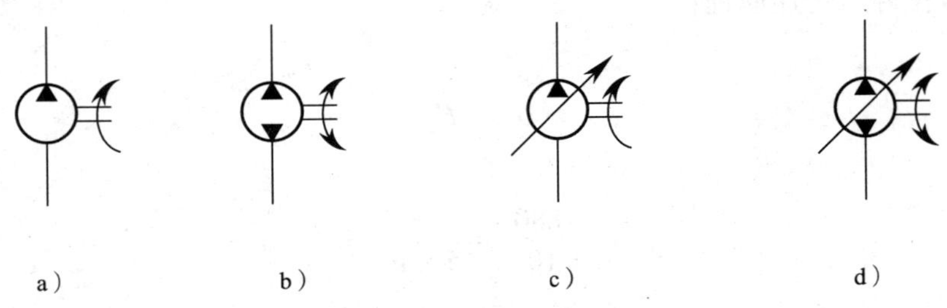

a） b） c） d）

课题三　液压控制元件

一、填空题

1. 方向控制阀、压力控制阀、流量控制阀、单向阀、换向阀
2. 一个、另一个
3. 油路的方向、接通、关闭
4. 溢流阀、减压阀、顺序阀
5. 改变阀口通流面积的大小或通流通道的长短、液阻、通过阀的流量、节流阀
6. 减压阀、节流阀
7. 溢流阀、减压阀
8. 储油、散热、沉淀杂质、逸出空气

二、选择题

1. B　2. A　3. C　4. A　5. C

三、判断题

1. √　2. √　3. ×　4. √　5. ×　6. √　7. ×

四、简答题

1. 答：溢流阀具有限压保护作用、溢流稳压作用。

2. 答：（1）单向阀

（2）溢流阀

（3）二位二通换向阀

（4）二位四通换向阀

（5）三位四通换向阀

（6）二位三通换向阀

3. 答：$P1$ 大于 $P2$。因为经过节流阀的节流口有液阻，会造成压力损失。

五、作图题

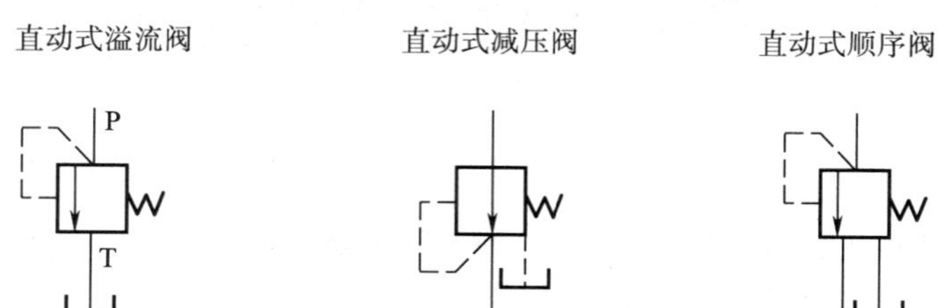

相同点：都是利用液压力克服弹簧弹力相平衡的原理来控制压力的。

不同点：溢流阀进口压力为系统压力，出口油到油箱压力为零，未达到系统压力值时进出口处于关闭状态。系统达到调定压力值时进出口接通。

减压阀进口压力为某一支路压力，出口压力为小于进口压力，出口压力送到支路系统。未工作前进出口接通，随着系统压力值的变化使进出口通流面积发生变化，缝隙越小，出口压力越小。

顺序阀工作前进出口处于关闭，工作时，进口压力达到调定值时打开，使进出口接通。

减压阀和顺序阀都由泄油口到油箱，而溢流阀多余的油直接回油箱。

课题四　液压基本回路

一、填空题

1. 方向、压力、流量
2. 换向、锁紧、通、断
3. 调压回路、卸载回路、减压回路、调压、卸载、减压
4. 溢流阀、减压阀
5. 压力
6. 节流、容积、同步回路、制动回路

二、选择题

1. A　2. A　3. B　4. C　5. A

三、判断题

1. √　2. √　3. √　4. ×　5. √　6. ×

四、简答题

1. 答：卸载回路；单向定量泵、溢流阀、三位四通换向阀、单杆活塞缸。

2. 答：图 a 节流阀放在进油路上，起调速作用。图 b 节流阀放在回油路上，起调速和背压作用。图 c 节流阀放在旁油路上，起调速作用。

课题五　汽车典型液压系统分析

分析题

1.

（1）1—溢流阀　2—油泵　3—节流阀　4—安全阀　5—三位五通换向阀　6—单杆活塞液压缸　7—单向阀　8—转向盘

（2）

1）车轮直线行驶

进油路过程：油箱→油泵2→节流阀3→换向阀5的中位→油箱。

2）车轮左转

进油路过程：油箱→油泵2→节流阀3→换向阀5的左位→液压缸6的左腔，活塞向右移动。

回油路过程：液压缸6的右腔→换向阀5的左位→油箱。

3）车轮右转

进油路过程：油箱→油泵2→节流阀3→换向阀5的右位→液压缸6的右腔，活塞向左移动。

回油路过程：液压缸6的左腔→换向阀5的右位→油箱。

2. 答：（1）1—单向定量泵　2、3—过滤器　4—油箱　5—溢流阀　6—四位四通换向阀　7—伸缩式液压缸　8—手柄

（2）液压缸完成空位、举升、中停、下降四个动作的油路过程如下：

空位：当手动换向阀6处于最右位，换向阀中位职能为“H”型，这样液压泵1、液压缸7处于卸载状态，车箱处于未举升的状态（一般为运输水平状态）。

举升：此时换向阀处于最左位置。

进油路：粗过滤器2→液压泵1→换向阀6最左位→液压缸7下腔。

回油路：液压缸7上腔→换向阀6最左位→过滤器3→油箱。

中停：此时滑阀处于左二位，换向阀中位职能为“M”型，液压泵处于卸荷状态；A、B均被截止，液压缸两腔油液被封住，液压缸被锁紧在任意位置。

下降：此时滑阀处于左三位。

进油路：粗过滤器2→液压泵1→换向阀6左三位→液压缸7上腔。

回油路：液压缸7下腔→换向阀6左三位→过滤器3→油箱。

（3）该液压系统包括换向回路、卸荷回路、限压回路、同步工作回路。

课题六　气压传动基本知识

一、填空题

1. 压缩空气、传动、控制

2. 空气压缩机、气源净化装置

3. 高温空气、气态水分、变质油雾、水冷、风冷

4. 油水分离器、分离清除压缩空气中凝聚的水分和油分等杂质，使压缩空气得到初步净化

5. 消除压力脉动、进一步分离压缩空气中的水分、储存一定数量的压缩空气做备用和应急气源

6. 气缸、气马达、将气体的压力能转变为机械能，输给工作部件、相同

7. 压力阀、流量阀、方向阀、逻辑元件、压力、流量、流动方向

二、选择题

1. B　2. C　3. C　4. A

三、判断题

1. √　2. √　3. √　4. √　5. √

四、简答题

1. 答：

优点：

(1) 气压传动的工作介质是空气，排放方便，不污染环境，经济性好。

(2) 空气的黏度小，便于远距离输送，能源损失小。

(3) 气压传动反应快，维护简单，不存在介质维护及补充问题，安装方便。

(4) 蓄能方便，可用储气筒获得气压能。

(5) 工作环境适应性好，允许工作温度范围宽。

(6) 有过载保护作用。

缺点：

(1) 由于空气具有可压缩性，因此工作速度稳定性较差。

(2) 工作压力较低。

(3) 工作介质无润滑性能，需设润滑辅助原件。

(4) 噪声大。

2. 答：气压传动系统由气源装置、执行元件、控制元件和辅助元件组成。气源装置的主要作用是对空气进行压缩、干燥、净化等处理，并且将原动机提供的机械能转

化为气体的压力能。执行元件的作用是将气体的压力能转变为机械能输送给工作部件。控制元件的作用是控制压缩空气的压力、流量和流动方向以及执行元件的工作程序，以便使执行元件完成预定的运动规律。辅助元件的作用是使压缩空气净化、润滑、消声以及元件间连接，保持气动系统可靠、稳定和持久工作。

课题七　气动基本回路

一、填空题

1. 压力控制、速度控制、换向控制

2. 一次压力控制回路、二次压力控制回路、高低压转换回路

3. 单作用缸速度控制回路、双作用缸速度控制回路、双向调速回路、气—液联动速度控制回路

4. 单作用气缸换向回路、双作用气缸换向回路

二、简答题

答：1—空压机，将机械能转化为气体压力能的装置，是气动系统的动力源。

2—单向阀，只允许气流从一个方向向另一个方向流动。

3—冷却器，将高温空气冷却，使其中气态水分和变质油雾冷凝成液滴。

4—油雾器，把润滑油物化后，经压缩空气携带进入系统中各润滑部位，满足润滑的需要。

5—储气罐，消除压力脉动，进一步分离压缩空气中的水分，储存一定数量的压缩空气做备用和应急气源。

9—二位三通换向阀，用来接通或关闭气路。

15—气压调节阀（溢流减压阀），实现定压控制，保证气源压力的稳定。

后制动气流过程：

进气过程：空压机 1→单向阀 2→冷却器 3→油雾分离器 4→储气罐 5→单向阀 6→储气罐 7 的前腔→二位三通换向阀 10 的下腔→分别进入两制动气缸 14→后轮制动。

回气过程（松闸过程）：两制动气缸 14 的左腔→二位三通换向阀 10 的上腔→出气口。

综合试卷一

一、填空题

1. 传动链、起重链、输送链

2. 调整中心距、张紧轮

3. 外啮合、内啮合、齿轮齿条

4. 溢流阀、减压阀

5. 行星、差动

6. 定轴、周转

7. 曲柄滑块

8. 等速运动规律、等加速等减速运动规律

9. 同一平面内、相交于一点

10. 减速或使其停止

二、选择题

1. B 2. C 3. A 4. D 5. B 6. C 7. A 8. D 9. C 10. A

三、判断题

1. × 2. × 3. × 4. × 5. × 6. √ 7. × 8. × 9. √ 10. √
11. √ 12. √ 13. √ 14. × 15. × 16. × 17. √ 18. × 19. √
20. ×

四、简答题

1. 答：V 带的型号和长度不能搞错；V 带轮轴的中心线保持平行且两轮槽应调整在同一平面内；V 带张紧程度要合适；要定期检查调整 V 带传动，必要时更换 V 带，新、旧带不能混合使用；要加安全防护罩。

2. 答：限制齿根危险载面上的弯曲应力，选用合适的齿轮参数和几何尺寸；降低齿根处的应力集中；强化处理（如喷丸、辗压）和良好的热处理工艺。

3. 答：空心轴一方面节省材料满足结构要求，另一方面减轻重量。空心轴宜在载荷不大，结构要求不太复杂的情况下采用。

4. 答：多盘式摩擦离合器的优点是两轴能在任何转速下接合；接合与分离过程平稳；过载时会发生打滑；适用载荷范围大。其缺点是结构复杂，成本较高，产生滑动时两轴不能同步转动。

5. 答：液压传动的优点：

（1）可以在大范围内实现无级调速，而且调速性能良好。

（2）传动装置工作平稳、反应速度快、冲击小，能快速启动、制动和频繁换向。

（3）在相同输出功率的情况下质量轻、体积小、结构紧凑。

（4）易于实现自动化，特别是电、液联合应用时，易于实现复杂的自动工作循环。

（5）液压传动工作安全性好，易于实现过载保护，同时因采用油液为工作介质，

相对运动表面能自行润滑，故使用寿命较长。

（6）液压元件已标准化、系列化和通用化，便于设计、制造、维修和推广使用。

液压传动的缺点：

（1）由于泄漏及流体的可压缩性，无法保证严格的传动比。

（2）当油温或载荷变化时，往往不易保持运动速度的稳定。

（3）液压元件制造精度要求高，使用维护比较严格。

（4）系统的故障原因有时不易查明。

五、作图、计算题

1．解：根据轮系传动比为：

$$i_{12}=\frac{n_1}{n_2}=\frac{z_2}{z_1}=\frac{70}{24}$$

$$n_3=n_2=\frac{24\,n_1}{70}=\frac{24\times 1\ 400}{70}=480\ \text{（r/min）}$$

2．解：$M_n=9\ 550\times\frac{P_1}{n}$　$W_n=\frac{\pi D^3}{16}$　$\tau_{max}=\frac{M_n}{W_n}\leqslant[\tau]$

P_1最大为 105 kW。

3．解：由题图可知，插销有两个剪切面，用截面法求内力可得每个剪切面上的剪力：

$F_Q=F/2$

剪切面积：$A=\pi d^2/4$

由抗剪强度条件得：$\tau=F_Q/A=\frac{F/2}{\pi d^2/4}\leqslant[\tau]$

则　$d\geqslant\sqrt{\frac{2F}{\pi[\tau]}}=\sqrt{\frac{2\times 24\ 000}{60\times 3.14}}=15.96$（mm）

按剪切强度条件选取插销直径 $d=16$ mm。

综合试卷二

一、填空题

1．传动链、起重链、输送链

2．调整中心距、张紧轮

3．$\varepsilon\geqslant 1.2$

4．疲劳折断、过载折断

5. 凸轮的轮廓曲线

6. 在两个不同方向的坐标轴 x、y 上投影的代数和等于零、对力系所在平面内任意点 O 的力矩的代数和等于零

7. 支承回转零件、运动和动力

8. 过盈配合、键连接

9. 向心轴承、推力轴承、向心推力轴承

10. 同一轴、两种不同的

二、选择题

1. D 2. B 3. B 4. C 5. A 6. A 7. C 8. A 9. A 10. A

三、判断题

1. √ 2. √ 3. × 4. × 5. × 6. × 7. √ 8. √ 9. × 10. ×
11. × 12. × 13. √ 14. × 15. √ 16. × 17. √ 18. √ 19. √
20. ×

四、简答题

1. 答：利用相互啮合的齿轮来传递运动和（或）动力的机械传动就是齿轮传动。齿轮传动的工作原理是利用主动轮和从动轮齿与齿相互作用的作用力来传递运动和动力。

2. 答：铰链四杆机构曲柄摇杆机构、双曲柄机构、双摇杆机构等形式，是根据曲柄存在的条件划分的。

3. 答：当作用于转动物体上的力，其逆时针转向的力矩之和等于其顺时针转向的力矩之和时，那么转动物体处于平衡状态。或者说，作用于转动物体上的所有力的力矩代数和等于零，则转动物体将静止不动，这就是力矩平衡条件。

4. 答：心轴：只承受弯矩，不承受转矩起支承作用。

传动轴：主要承受转矩，不承受弯矩或承受很小弯矩，仅起传递动力的作用。

转轴：既承受弯矩又承受转矩。

5. 答：十字滑块联轴器属于挠性联轴器（可移式刚性联轴器），它可实现径向方向的补偿。

五、作图、计算题

1. 解：

（1）$d_1=200$ mm　$d_2=400$ mm

（2）$d_{a_1}=220$ mm　$d_{a_2}=420$ mm

（3）$d_{f1}=175$ mm　$d_{f2}=375$ mm

（4）$s=15.7$ mm

（5）$d_{b1}=188$ mm　$d_{b2}=376$ mm

（6）$a=300$ mm

2. 解：当太阳轮被固定，齿圈 3 为主动件，行星架 H 为从动件时，根据公式：

$$i_{13}^{H}=\frac{n_1^{H}}{n_3^{H}}=\frac{n_1-n_H}{n_3-n_H}=-\frac{z_3}{z_1},\ n_1=0，得：$$

$$i_{3H}=\frac{n_3}{n_H}=1+\frac{z_1}{z_3}=1+\frac{105}{135}=1.78$$

3. 解：最大弯矩 $M=FL=-10\ 000$（N·m）

最大正应力 $\delta_{max}=\frac{M}{W_z}=98$（MPa）

综合试卷三

一、填空题

1. 传动要平稳、承载能力要强

2. 蜗杆的轴向模数和蜗轮的端面模数相等、蜗杆的轴向齿形角和蜗轮的端面齿形角相等、蜗杆分度圆柱面导程角和蜗轮分度圆柱面螺旋角相等

3. 小于、等于、机架的、曲柄

4. 心轴、传动轴、转轴

5. 径向滑动轴承、止推滑动轴承

6. 首末两轮转速

7. 拉伸（压缩）变形、剪切变形、扭转变形、弯曲变形

8. 对中

二、选择题

1. A　2. A　3. A　4. A　5. B　6. A　7. B　8. A　9. A　10. D

三、判断题

1. √　2. ×　3. ×　4. ×　5. √　6. √　7. √　8. ×　9. √　10. √　11. √　12. ×　13. √　14. ×　15. ×　16. ×　17. √　18. √　19. ×　20. ×

四、简答题

1. 答：齿轮在传动过程中，发生轮齿折断、齿面损坏等现象，从而失去其正常工作能力的现象叫失效。常见的失效形式有轮齿折断、塑性变形、齿面点蚀、齿面胶合、

齿面磨损。

2. 答：太阳轮和齿圈当中有一个转速为零（即固定不动）的周转轮系为行星轮系。太阳轮和齿圈的转速都不为零的周转轮系为差动轮系。

3. 答：选用滚动轴承需考虑的因素为轴承所受的载荷、轴承的转速、轴承调心性能、轴承尺寸、轴承刚性、经济性。

4. 答：力偶的两个力的作用线平行，但不在同一直线上组成的力系，且作用于在同一物体上。

作用力和反作用力在同一直线上的两个力，而且作用在相互作用的两个物体上。二力平衡两个力作用在同一直线上，且作用于在同一物体上。

5. 答：机器工作时，外载荷有振动、交变负载、材料高温蠕变等会造成摩擦力减少，螺纹副中正压力在某一瞬间消失、摩擦力为零，从而使螺纹连接松动，使机器不能正常工作，甚至会造成严重事故。因此，必须进行防松。

五、作图、计算题

1. 解：$i_{12}=\frac{n_1}{n_2}=\frac{Z_2}{Z_1}$

$\frac{200}{n_2}=\frac{80}{40}$

$n_2=100$（r/min）

2. 解：当齿圈固定（$n_3=0$），太阳轮主动，行星架从动时，由：

$$i_{13}^{\mathrm{H}}=\frac{n_1^{\mathrm{H}}}{n_3^{\mathrm{H}}}=\frac{n_1-n_{\mathrm{H}}}{n_3-n_{\mathrm{H}}}=-\frac{z_3}{z_1}，n_3=0，得：$$

$$i_{1\mathrm{H}}=\frac{n_1}{n_{\mathrm{H}}}=1+\frac{z_3}{z_1}=1+\frac{50}{20}=3.5$$

$$n_{\mathrm{H}}=\frac{n_1}{i_{1H}}=\frac{1\,400}{3.5}=400\ (\mathrm{r/min})$$

3. 解：$F_{\mathrm{N1}}=F_1=200$（kN）

$F_{\mathrm{N2}}=F_1-F_2=200-100=100$（kN）

综合试卷四

一、填空题

1. 绳芯、帘布芯、多楔带

2. 最基本、基础、正比

3. 法面模数相等、法面齿形角相等、螺旋角相等，旋向相反

4. 互相啮合的齿轮

5. 转动、移动

6. 曲线、凹槽、运动规律

7. 直轴、曲轴

8. 液体摩擦（润滑）、非液体摩擦（润滑）

9. 压力

二、选择题

1. A 2. B 3. D 4. B 5. A 6. C 7. C 8. B 9. A 10. B

三、判断题

1. √ 2. √ 3. × 4. √ 5. × 6. × 7. × 8. × 9. × 10. √
11. √ 12. × 13. × 14. √ 15. √ 16. × 17. √ 18. × 19. ×
20. √

四、简答题

1. 答：防止轮齿折断的措施为限制齿根危险载面上的弯曲应力，选用合适的齿轮参数和几何尺寸；降低齿根处的应力集中；强化处理（如喷丸、辗压）和良好的热处理工艺。

2. 答：在图 a 所示的四连杆机构中，杆件 2 的长度小于机架 1，便可以绕机架 1 做整周转动，但导杆 4 只能做摆动，称为曲柄摆动导杆机构。在图 b 所示的四连杆机构中，杆件 2 的长度大于机架 1，杆件 2 和导杆 4 都可以绕机架 1 做整周转动，称为曲柄转动导杆机构。

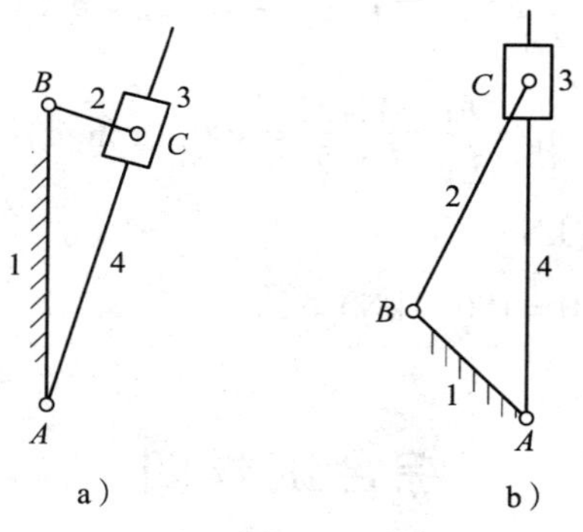

3. 答：整体式滑动轴承结构简单，价格低廉，但轴的装拆不方便，磨损后轴承的径向间隙无法调整，适用于轻载低速或间歇工作的场合。

4. 答：常用轴的结构应满足轴上的零件应有可靠的定位和固定；轴应便于加工和尽量避免或减少应力集中；轴上零件应便于安装和拆卸。

5．答：平面汇交力系是指作用于物体上各力的作用线都在同一平面内且相交于一点的力系。

平面汇交力系的平衡条件为合力等于零。

五、作图、计算题

1．解：（1）$i_{12}=\frac{n_1}{n_2}=\frac{Z_2}{Z_1}$

$\frac{960}{n_2}=\frac{50}{25}$

$n_2=480$（r/min）

（2）$a=\frac{m(z_1+z_2)}{2}$

$a=\frac{2(25+50)}{2}$

$a=75$（mm）

（3）$p=\pi m=3.14\times2=6.28$（mm）

$p=6.28$（mm）

2．答：AB 或 CD；双摇杆；双曲柄

3．解：

轴力　$N=F$

受拉面：$A_1=\frac{\pi d^2}{4}$　　拉伸强度条件：$\delta=\frac{F}{A_1}\leqslant[\delta]$

受剪面：$A_2=\pi db$　　剪切强度条件：$\tau=\frac{F}{A_2}\leqslant[\tau]$

受挤面：$A_3=a^2-\pi d^2$　挤压强度条件：$\delta_{jy}=\frac{F}{A_3}\leqslant[\delta_{jy}]$

综合试卷五

一、填空题

1．主动轮、从动轮、反比

2．依据、正比

3．左旋、右旋

4．轴的几何位置均固定、至少有一个齿轮轴的几何位置绕着另一个齿轮轴的几何位置旋转

5. 形状、相对长度、机架

6. $<0.8\rho_{min}$　不小于 3 ~ 5 mm

7. 大小、垂直距离

8. 凹面向上、凹面朝下

9. 曲、曲柄滑块

二、选择题

1. C　2. C　3. C　4. C　5. B　6. B　7. A　8. C　9. A　10. A

三、判断题

1. ×　2. ×　3. ×　4. ×　5. √　6. √　7. ×　8. √　9. √　10. √　11. ×　12. √　13. ×　14. √　15. ×　16. ×　17. ×　18. ×　19. √　20. √

四、简答题

1. 答：特点：传动比大且准确，传动平稳，具有自锁性。

汽车的转向器上应用了各种类型蜗杆传动。

2. 答：轮系的特点有可获得大的传动比；可做较远距离传动；可实现变速、变向要求；可合成或分解运动。

3. 答：液压传动系统中，常用的液压泵有齿轮泵、叶片泵、柱塞泵、凸轮转子泵等。

4. 答：螺距是指相邻两牙在中径圆柱面的母线上对应两点间的轴向距离。

导程是指同一螺旋线上相邻两牙在中径圆柱面母线上的对应两点间的轴向距离。

螺距、导程、线数之间关系：$S=nP$。

5. 答：轴上零件的轴向固定：轴肩、轴环、圆锥面、轴端挡圈、轴套、圆螺母、弹性挡圈、紧定螺钉。

轴上零件的周向固定常用键连接、销连接、螺钉连接和过盈配合连接等。

五、作图、计算题

1. 答：能实现调压回路、减压回路。

画出液压基本回路如下：

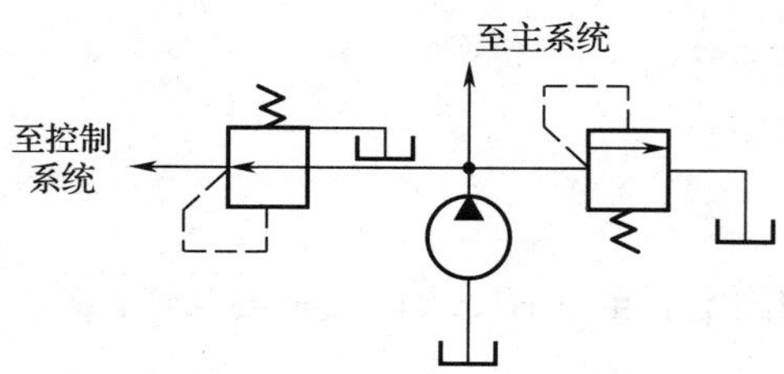

2．解：根据定轴轮系传动比公式：

$$i_{17}=(-1)^{3}\frac{z_2z_4z_6z_7}{z_1z_3z_5z_6}$$
$$=-\frac{28\times60\times20\times28}{24\times20\times20\times20}$$
$$=-4.9$$（首、末轮转向相反）

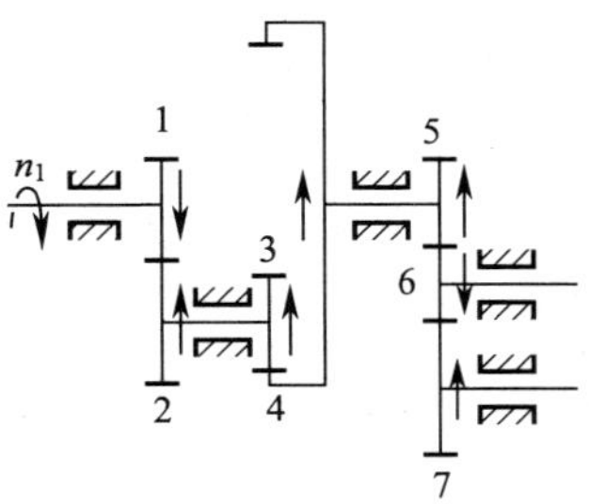

3．答：（1）当取 d 杆为机架时，机构有一个曲柄。

（2）当取 a 杆为机架时，该机构为双摇杆机构。